新时代新理念职业教育教材·铁道运输类
高速铁路客运服务、铁道交通运营管理专业教材

高速铁路动车乘务实务

主　编　隋东旭
副主编　王浩泽　刘婷文

北京交通大学出版社
·北京·

内 容 简 介

为贯彻立德树人根本任务,优化课程思政内容供给,本书将思政教育元素融入专业知识与技能的阐述中,以利于提升育人效果。本书根据教育部高等职业学校专业教学标准进行编写,图文并茂,精练实用。本书共7个项目,具体包括:高速铁路动车乘务工作认知;高速铁路动车组列车乘务工作流程与标准;列车移动补票机与站车无线交互系统;高速铁路运输收入管理;高速铁路列车票务处理;高速铁路乘务安全管理;高速铁路乘务服务管理。

本书适合作为高等职业学校、中等职业学校、技工学校高速铁路类专业的教材,也可供社会读者参考。

版权所有,侵权必究。

图书在版编目(CIP)数据

高速铁路动车乘务实务 / 隋东旭主编. —北京:北京交通大学出版社,2021.9(2023.7重印)

ISBN 978-7-5121-4555-9

Ⅰ.①高… Ⅱ.①隋… Ⅲ.①高速动车–旅客运输–客运服务–高等职业教育–教材 Ⅳ.①U293.3

中国版本图书馆 CIP 数据核字(2021)第 171051 号

高速铁路动车乘务实务

GAOSU TIELU DONGCHE CHENGWU SHIWU

策划编辑:刘 辉   责任编辑:刘 辉

出版发行:北京交通大学出版社   电话:010-51686414   http://www.bjtup.com.cn
地 址:北京市海淀区高梁桥斜街 44 号   邮编:100044
印 刷 者:北京鑫海金澳胶印有限公司
经 销:全国新华书店
开 本:185 mm×260 mm   印张:10   字数:246 千字
版 印 次:2021 年 9 月第 1 版   2023 年 7 月第 2 次印刷
定 价:38.80 元

本书如有质量问题,请向北京交通大学出版社质监组反映。对您的意见和批评,我们表示欢迎和感谢。
投诉电话:010-51686043,51686008;传真:010-62225406;E-mail:press@bjtu.edu.cn。

前　言

本书根据教育部新颁布的高等职业学校专业教学标准进行编写，由高校一线教师与铁路企业一线专家联合构思，共同完成。本书各项目严格按专业教学标准设置，涵盖专业教学标准要求掌握的所有知识与技能模块，是一本图文并茂、精练实用的铁道交通运营管理、高速铁路客运服务等专业的教材。

为贯彻落实立德树人根本任务，优化"课程思政"内容供给，本书将思政教育元素融入专业知识与技能的阐述中，是一本"课程思政"建设探索教材。

本书由隋东旭担任主编，王浩泽、刘婷文担任副主编。本书具体编写分工如下：隋东旭编写项目1、项目2、项目3；王浩泽编写项目6、项目7；刘婷文编写项目4、项目5。

由于编者水平有限，本书不足之处在所难免，肯请广大读者批评指正。索取相关教学资源请与出版社编辑刘辉联系（邮箱：cbslh@jg.bjtu.edu.cn；QQ：39116920）。

编者
2021年9月

目 录

项目 1 高速铁路动车乘务工作认知 …………………………………………………………… 1

  1.1 高速铁路概述 ………………………………………………………………………… 4
    1.1.1 高速铁路基础知识 ………………………………………………………………… 4
    1.1.2 动车组基础知识 …………………………………………………………………… 9
  1.2 高速铁路乘务工作概述 ……………………………………………………………… 11
    1.2.1 旅客列车乘务工作的任务 ……………………………………………………… 11
    1.2.2 旅客列车乘务组的主要工作 …………………………………………………… 11

项目 2 高速铁路动车组列车乘务工作流程与标准 …………………………………………… 18

  2.1 高速铁路乘务始发作业 ……………………………………………………………… 21
    2.1.1 动车组列车乘务 ………………………………………………………………… 21
    2.1.2 动车组列车始发服务质量规范 ………………………………………………… 25
    2.1.3 列车始发作业流程及标准 ……………………………………………………… 29
    2.1.4 服务技能 ………………………………………………………………………… 32
  2.2 高速铁路乘务途中作业 ……………………………………………………………… 32
    2.2.1 动车组列车途中服务质量规范 ………………………………………………… 32
    2.2.2 动车组列车途中作业流程及标准 ……………………………………………… 36
    2.2.3 服务技能 ………………………………………………………………………… 37
  2.3 高速铁路乘务终到作业 ……………………………………………………………… 40
    2.3.1 动车组列车终到服务质量规范 ………………………………………………… 40
    2.3.2 动车组列车终到作业流程及标准 ……………………………………………… 41
  2.4 高速铁路动车组专项接待服务 ……………………………………………………… 43
    2.4.1 服务用品准备 …………………………………………………………………… 43
    2.4.2 服务人员要求 …………………………………………………………………… 44
    2.4.3 服务卫生准备要求 ……………………………………………………………… 45
    2.4.4 列车长接待重要客人的程序和标准 …………………………………………… 46
    2.4.5 乘务员接待重要客人的程序和标准 …………………………………………… 49

项目 3 列车移动补票机与站车无线交互系统 ………………………………………………… 52

  3.1 列车移动补票机的操作及管理 ……………………………………………………… 55

  3.1.1　准备工作 …………………………………………………………………… 55
  3.1.2　移动补票机启动 ……………………………………………………………… 55
  3.1.3　补票操作 ……………………………………………………………………… 56
  3.1.4　列车移动补票机管理 ………………………………………………………… 61
 3.2　站车无线交互系统应用手持终端设备 ……………………………………………… 63
  3.2.1　准备作业 ……………………………………………………………………… 63
  3.2.2　操作流程 ……………………………………………………………………… 64
  3.2.3　站车交互常见问题 …………………………………………………………… 66
 3.3　客运记录 ……………………………………………………………………………… 67
  3.3.1　客运记录的含义 ……………………………………………………………… 67
  3.3.2　编写客运记录应当遵循的原则 ……………………………………………… 67
  3.3.3　编写客运记录的注意事项 …………………………………………………… 67
  3.3.4　旅客列车编制客运记录的范围 ……………………………………………… 68
  3.3.5　客运记录编制方法 …………………………………………………………… 69
 3.4　铁路电报 ……………………………………………………………………………… 72
  3.4.1　铁路电报的含义 ……………………………………………………………… 72
  3.4.2　铁路电报分级 ………………………………………………………………… 72
  3.4.3　列车电报拍发权限 …………………………………………………………… 72
  3.4.4　列车电报拍发范围 …………………………………………………………… 73
  3.4.5　列车电报的交接 ……………………………………………………………… 73
  3.4.6　客运业务电报拟稿要求 ……………………………………………………… 74
  3.4.7　电报的主要内容 ……………………………………………………………… 74
  3.4.8　抄送范围 ……………………………………………………………………… 74

项目 4　高速铁路运输收入管理 …………………………………………………………… 77

 4.1　铁路运输收入概述 …………………………………………………………………… 80
  4.1.1　铁路运输收入管理工作 ……………………………………………………… 80
  4.1.2　铁路运输收入构成 …………………………………………………………… 80
 4.2　票据的管理 …………………………………………………………………………… 81
  4.2.1　票据的范围和性质 …………………………………………………………… 81
  4.2.2　票据的印制 …………………………………………………………………… 81
  4.2.3　票据的订印 …………………………………………………………………… 81
  4.2.4　票据的请领和保管 …………………………………………………………… 81
 4.3　运输费用的核算与结算 ……………………………………………………………… 82
  4.3.1　运输费用的核收方式 ………………………………………………………… 82
  4.3.2　运输费用的结算 ……………………………………………………………… 83
 4.4　车站客运进款管理 …………………………………………………………………… 84
  4.4.1　运输进款管理的基本要求 …………………………………………………… 84

4.4.2　运输进款的存汇 ··· 84
　　　4.4.3　铁路客运进款构成 ·· 85
　　　4.4.4　车站客运运杂费的核收与结算 ·· 85
　4.5　列车收入管理 ··· 87
　　　4.5.1　列车收入工作的组织 ··· 87
　　　4.5.2　票据的请领与使用 ·· 87
　　　4.5.3　票据和票款的安全 ·· 88
　　　4.5.4　进款结账规定 ··· 88
　4.6　运输收入事故处理 ··· 89
　　　4.6.1　运输收入的检查与监督 ·· 89
　　　4.6.2　站车客运收入违纪行为与处罚 ·· 89
　　　4.6.3　运输收入事故分类与等级 ·· 90
　　　4.6.4　运输收入事故的处理 ·· 90
　　　4.6.5　事故的经济赔偿 ·· 91

项目5　高速铁路列车票务处理 ·· 93

　5.1　车票概述 ··· 96
　　　5.1.1　车票的作用 ·· 96
　　　5.1.2　车票的分类 ·· 96
　5.2　售票与退票 ··· 97
　　　5.2.1　新型售票方式 ·· 97
　　　5.2.2　车票的发售规定 ·· 100
　　　5.2.3　退票的规定 ·· 102
　5.3　旅客的乘车条件 ··· 103
　　　5.3.1　乘坐动车组列车的基本条件 ·· 103
　　　5.3.2　乘坐动车组列车的相关规定 ·· 103
　5.4　不符合乘车条件的处理 ··· 104
　　　5.4.1　有意违反乘车条件的处理 ·· 104
　　　5.4.2　特殊情况下违反乘车条件的处理 ·· 104
　5.5　误售、误购车票的处理 ··· 105
　　　5.5.1　由于站名相似，口音不同而发生误售、误购的处理 ·········· 105
　　　5.5.2　旅客误乘和坐过站的处理 ·· 105
　5.6　行程变更车票处理 ··· 105
　　　5.6.1　变更座别、铺别 ·· 106
　　　5.6.2　变更径路 ·· 106
　　　5.6.3　越站 ·· 106
　　　5.6.4　分乘 ·· 107
　　　5.6.5　旅客旅行中发生两种以上变更的处理 ·································· 107

项目 6　高速铁路乘务安全管理 109

6.1　动车组客运安全管理概述 112
- 6.1.1　基本要求 112
- 6.1.2　车站安全 112
- 6.1.3　列车安全 114
- 6.1.4　餐饮、保洁安全 115
- 6.1.5　劳动安全 115

6.2　消防安全管理 117
- 6.2.1　动车组列车各岗位消防安全职责 119
- 6.2.2　动车组列车消防安全制度 121
- 6.2.3　一次出乘运行中防火工作作业程序 123

6.3　动车组非正常情况应急处置 125
- 6.3.1　动车组列车行车中断的应急处置 125
- 6.3.2　动车组列车发生晚点时的处置 125
- 6.3.3　动车组列车发生旅客误按紧急制动阀或报警按钮的应急处置 126
- 6.3.4　动车组列车临时停电的应急处置 127
- 6.3.5　动车组列车发生旅客集体拒绝下车的应急处置 127
- 6.3.6　动车组列车车门发生故障的应急处置 127
- 6.3.7　旅客或行李物品跌落在站台与车体之间的缝隙时的应急处置 128
- 6.3.8　动车组列车临时停靠低站台的应急处置 128
- 6.3.9　动车组列车空调发生故障的应急处置 128
- 6.3.10　临时更换车底的应急处置 128
- 6.3.11　座位号有误旅客的安排处置 129
- 6.3.12　列车重联后旅客上错车的应急处置 130
- 6.3.13　动车组发生故障组织旅客换乘的应急处置 130

6.4　动车组突发安全故障的应急处置 132
- 6.4.1　动车组发生火灾、爆炸事故的处置 132
- 6.4.2　动车组列车发生旅客意外伤害的应急处置 133
- 6.4.3　动车组列车发生旅客突发疾病或因病死亡的应急处置 134
- 6.4.4　运行中车辆发生异常时的应急处置 135
- 6.4.5　动车组列车发生旅客食物中毒的应急处置 135
- 6.4.6　动车组列车上发现鼠疫、霍乱及其他国务院公布的传染病等重大疫情时的应急处置 136
- 6.4.7　动车组列车不能继续运行，旅客需下车等待救援时的应急处置 136
- 6.4.8　动车组列车运行中发生事故，旅客需紧急逃生时的应急处置 137

项目 7　高速铁路乘务服务管理 139

7.1　乘务服务标准 142

7.1.1	基本要求 ……………………………………………………………	142
7.1.2	铁路客运职工的职业道德 …………………………………………	142
7.1.3	礼仪规范要求 ………………………………………………………	142
7.1.4	文明礼貌服务 ………………………………………………………	143
7.1.5	五提倡，八不准 ……………………………………………………	144

7.2 乘务服务工作原则 ………………………………………………………… 144
    7.2.1 乘务服务工作的主要内容 ………………………………………… 144
    7.2.2 乘务服务要求 ……………………………………………………… 145
    7.2.3 乘务服务的指导思想 ……………………………………………… 146
    7.2.4 乘务服务的总体要求 ……………………………………………… 147
    7.2.5 服务工作质量要求 ………………………………………………… 148

参考文献 …………………………………………………………………………… 150

项目 1

高速铁路动车乘务工作认知

【知识目标】

- 了解高速铁路的基础知识；
- 掌握动车组的基础知识；
- 熟悉旅客列车乘务工作的内容。

【技能目标】

- 能够将掌握的高速铁路旅客运输基础知识运用于实际乘务工作；
- 能够对旅客列车乘务工作的内容进行综合分析。

【学习重点及难点】

- 学习重点：高速铁路基础知识、动车组基础知识、旅客列车乘务工作的内容。
- 学习难点：高速铁路运输的特点、旅客列车乘务工作内容之间的关系。

【本章知识结构图】

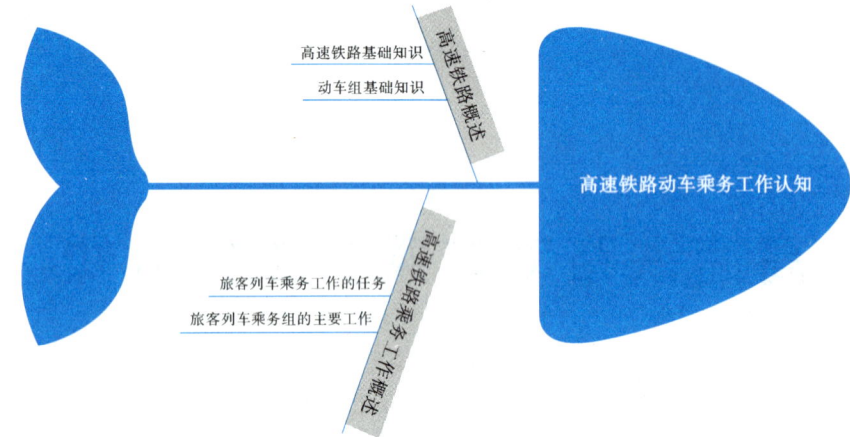

> 思政课堂

中国铁路，见证并创造历史

提速，中国铁路追赶世界

新中国成立之初，全国仅有2.2万km铁路，人均只有"半支香烟"的长度。中国铁路不仅里程少，标准低，且近一半处于瘫痪状态，全年旅客发送量只有1.02亿人。在修复旧中国铁路的基础上，20世纪中叶以后，以沟通西南、西北为重点，我国相继修建了成渝铁路、宝成铁路、兰新铁路等大量铁路线路，但铁路设备和管理方式与世界先进水平都有差距。

1978年秋天，邓小平在日本考察新干线时感慨地说，像风一样快，我们现在很需要跑！当时，国外高速列车时速已达300 km，而中国旅客列车的运行时速仅为43 km。

中国高铁，引领世界的新坐标

党的十八大以来，铁路系统认真贯彻落实党中央、国务院关于铁路建设的决策部署，科学有序、安全优质地推进铁路建设，建成了世界上最现代化的铁路网和最发达的高铁网。数据显示，我国铁路网对20万以上人口城市的覆盖率由2012年的94%扩大到2019年的98%，高铁网对50万以上人口城市的覆盖率由2012年的28%扩大到2019年的86%。截至2020年底，全国铁路营业里程达14.63万km，其中高铁营业里程达3.79万km，全国铁路每日开行旅客列车近1万列。在长三角、京津冀、珠三角地区，高铁运营密集时段，2 min左右就有一趟高铁列车到发。

经过这些年的发展，我国已成为世界上高铁运营里程最长、在建规模最大、高速列车运行数量最多、商业运营速度最高、高铁技术体系最全、运营场景和管理经验最丰富的国家，成为名副其实的铁路大国。

（改编自中国青年报2021年6月22日文章《中国铁路，见证并创造历史》，作者：陆应果、周伟）

1.1 高速铁路概述

1.1.1 高速铁路基础知识

1. 主要国家高速铁路发展概况

1)日本

1964年10月1日,世界上第一条高速铁路——日本东海道新干线(东京至大阪)开通运营,该线路全程515.4 km,直达运行时间3 h,列车最高运营速度210 km/h。随后,日本大力发展新干线,并不断进行技术升级,山阳新干线和东海道新干线的运行速度分别提高到现在的300 km/h和270 km/h,东北新干线的运行速度提高到320 km/h。如今,新干线的干线和支线已经覆盖日本大部分国土,新干线总里程超过2 300 km。新干线被誉为"日本经济起飞的脊梁"。图1-1为日本东海道新干线线路图。

图1-1 日本东海道新干线线路图

2)法国

1981年9月27日,欧洲第一条高速铁路——法国巴黎至里昂的TGV东南线通车,全程417 km,直达运行时间2 h,列车最高运营速度270 km/h,经过改造后,目前速度可达300 km/h。此后,法国相继建设、开通了TGV大西洋线、北方线、地中海线、巴黎东部线等高速铁路,形成了以巴黎为中心,辐射全国的TGV高速铁路网,并与周边国家连接。法国高速铁路总里程约为2 000 km,而TGV高速列车可通行的范围在6 000 km以上,列车最高运营速度可达320 km/h。图1-2为法国高速铁路线路图。

3)德国

德国发展高速铁路有坚实的技术基础,1988年其电力牵引试验速度就达到了406.9 km/h,但是由于种种原因,直到20世纪90年代,德国高速铁路才陆续开通运营。目前,ICE高速列车可通达德国境内的多数大城市,包括汉堡、慕尼黑、柏林、法兰克福、斯图加特、科隆、杜塞尔多夫等,总里程约1 000 km,ICE列车可通行的范围在6 300 km以上,列车最高运营速度可达300 km/h。图1-3为德国高速铁路线路图。

图 1-2　法国高速铁路线路图

除以上国家外，意大利、西班牙等国家的高速铁路技术也形成了自己的特色。

国际铁路联盟认为高速铁路的定义相当广泛，包含高速铁路范畴下的众多系统。高速铁路是指组成这一"系统"的所有元素的组合，包括：基础设施（新线设计速度 250 km/h 以上，提速线路速度 200 km/h 以上）、高速动车组和运营条件。

当前各国新建的高速铁路，大多把速度定位在 250～350 km/h。我国对高速铁路的定义为：新建设计开行 250 km/h（含预留）及以上动车组列车，初期运营速度不低于 200 km/h 的客运专线铁路。

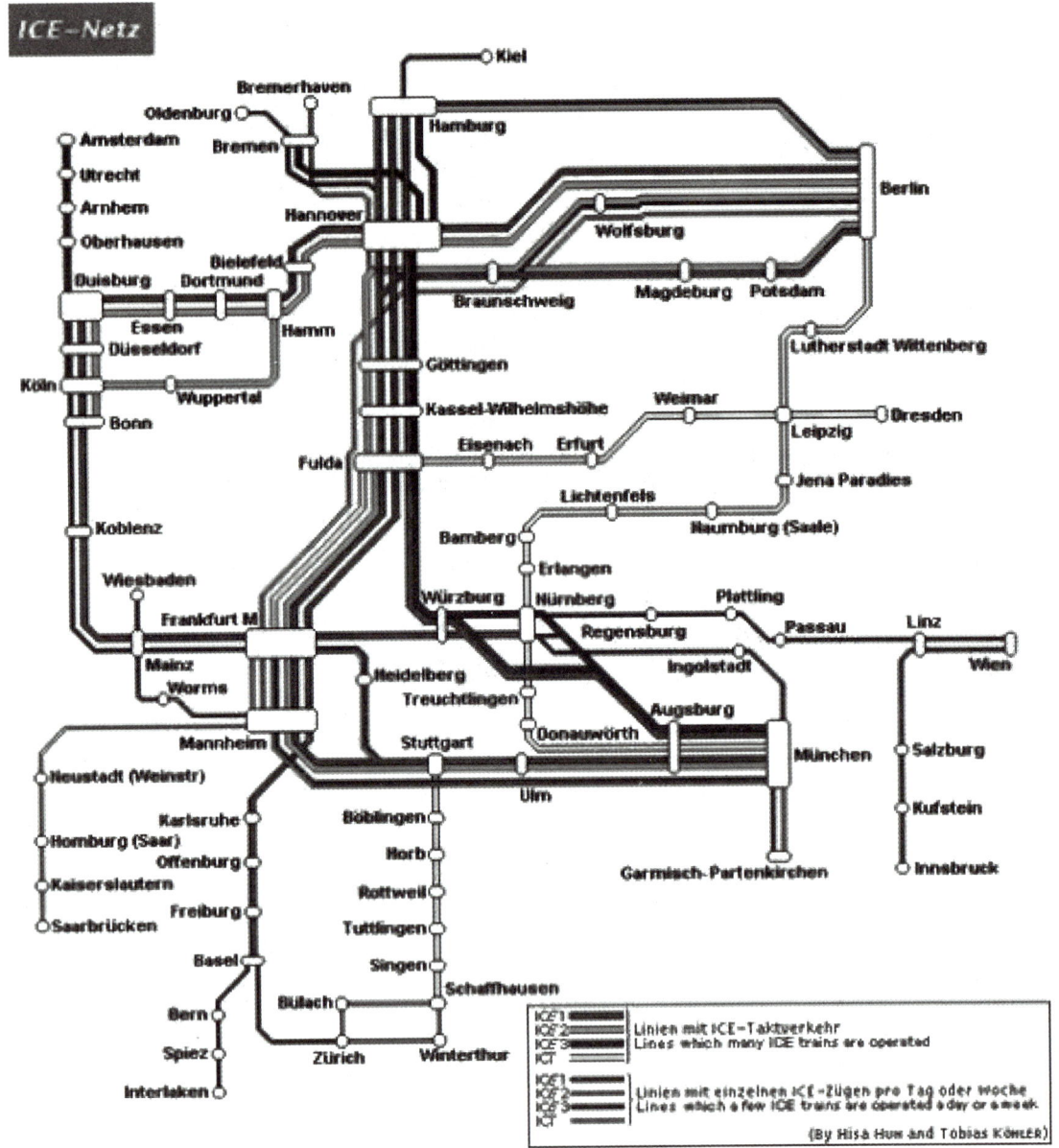

图1-3 德国高速铁路线路图

2. 高速铁路的建造条件

列车高速运行对铁路线路的冲击力相当大,对车辆(动车、拖车)构造、性能也是一种严格的考验,因此列车高速运行的必要条件是:线路基础好、牵引动力大、车辆质量高、制动系统完备和线路全封闭。

1)线路基础好

线路基础好是保证列车运行平稳,不产生振动和摇摆,确保乘坐舒适性的基础条件。高速铁路线路平面要直,曲线半径一般在2 200 m以上,设置平顺;线路纵断面的坡度差变化要小，竖曲线平缓；轨道无缝连接；路基、轨道、桥梁、隧道稳定性和精度高，残余变形在相关标准范围内。

2）牵引动力大

高速运行要求列车启动加速快，停车减速快，且性能稳定可靠，这就要求动车牵引力要大，才能保证列车高速运行。

3）车辆质量高

高速运行要求高速铁路列车的车体构造必须牢固，材料强度、刚度符合相关要求，振动、噪声小，车辆连接装置可靠。

4）制动系统完备

制动系统是保障列车安全的关键技术，制动系统技术方案应符合高速运行要求。

5）线路全封闭

线路全封闭、全立交，不得有障碍物和平交道，这是保证列车高速运行的必要条件。

3. 高速铁路旅客运输系统

实现高速度、高密度、大批量运送旅客，还需要运营调度、通信信号控制、动车组和旅客服务等方面的配套组织和系统管理，这就要求建立高速铁路旅客运输系统。高速铁路旅客运输系统由基础设施系统、牵引供电系统、运营调度系统、通信信号控制系统、动车组系统和旅客服务系统构成。

1）基础设施系统

高速铁路要求路基、轨道、桥梁稳定性高、精度高、残余变形小。

2）牵引供电系统

高速铁路要求牵引供电系统具有高度的可靠性，要求动车组牵引动力大，以满足高速运行需要。

3）运营调度系统

高速铁路要求运营调度系统覆盖的计划编制、运营管理、车辆管理、供电管理、综合维修等子系统的工作必须做到精细、周密、到位。

4）通信信号控制系统

高速铁路要求列车运行控制系统、联锁系统、调度集中系统、专用通信设备性能可靠、高度精确。

5）动车组系统

高速铁路要求动车组牵引动力大，车体结构牢固，连接装置、制动系统完备。

6）旅客服务系统

高速铁路要求站车设施设备先进；旅客乘车组织流线简捷、流畅；列车到站对位准确，确保旅客迅速有序乘降；列车乘务服务一流。

4. 高速铁路运输的特点

1）高速度

速度是人们出行重点考虑的因素之一。速度快是高速铁路的主要技术标志和最大特点，也是实现高密度运输的前提条件。我国自主研发的具有自主知识产权的 CR 系列动车组，速度快、乘坐舒适,吸引了大量旅客乘坐高速铁路出行。图 1-4 为 CR400AF 型动车组。

图 1-4　CR400AF 型动车组

2)高密度

列车开行密度也是吸引旅客乘坐的一个重要因素。列车开行密度常用列车开行时间的间隔来界定。在高效率的运输调度指挥和可靠的通信信号设备保障下,高速铁路客运专线时速 200~350 km,从理论上可以计算出最小行车间隔为 3 min。如果按行车间隔 5 min 计算,列车密度可达每小时 12 列,如果每列车(两组动车组重联)按 2 400 人计算,理论上一小时可输送 28 800 人。列车车次多,旅客乘车选择的余地大,就会感到方便,会进一步吸引旅客乘坐高速铁路列车。

3)高正点率

正点率是衡量铁路运输质量的重要指标,高正点率是铁路运输企业吸引旅客的重要因素之一。由于高速铁路封闭运行,中途停车次数少,组织旅客上下车时间少,秩序井然,保障了列车准时开行,正点到达,正点率相对更高。

4)高舒适度

高速铁路列车(动车组)运行速度快、平稳、不摇摆,振动、噪声极小。车厢设施设备现代、高档,有商务座、一等座、二等座,满足旅客不同档次要求;座椅宽大,可旋转座椅方向、靠背可调;车厢宽敞明亮,过道走动自如;厕所干净,使用方便;还有餐饮酒吧、残疾人专用座位等,乘坐环境优于汽车、飞机,带给人们非常舒适的体验。高速铁路列车一等座如图 1-5 所示。

5)自由编组

动车组可编组成长短不同的列车,当客流量较大时,可重联运行。

高速铁路技术是当今世界一项重大技术成就,它集中地反映了一个国家的铁路牵引动力、线路结构、运行控制、运输组织和经营管理等方面的技术和管理水平,同时体现了一个国家的科技和工业水平。高速铁路的技术经济优势可以总结为:土地占用面积小;能够快速、高密度大量运输旅客;能耗低,环境污染小;列车运行时间短,列车车次多,旅客选择

图 1-5 高速铁路列车一等座

余地大；乘坐条件舒适，运行准点；性能价格比高；安全可靠性好。高速铁路在经济发达、人口密集地区，其经济效益和社会效益十分突出。

1.1.2 动车组基础知识

1. 动车组构成、分类及特点

动车组是由动力车（动车）和非动力车（拖车）组成的固定编组轨道客运列车，各车之间常由密接车钩缓冲器连接，在日常的运营和维护中不解编组。动车组是现代轨道客运交通的主要形式和发展方向，其广泛应用于高速铁路、城市轨道交通客运运输。

1）动车组结构

动车组由车体、转向架、车辆连接装置、制动装置、车辆内部设备、牵引传动系统、辅助供电系统等构成。

2）动车组分类

动车组有多种分类方式。

(1) 按照传动类型，动车组可分为电力动车组和内燃动车组。

(2) 按照动力形式，动车组可分为动力集中型动车组和动力分散型动车组。

(3) 按照传动方式，动车组可分为电传动动车组和液力传动动车组。

3）动车组的特点

动车组的特点是：固定编组，动力集中或动力分散，整体运用，整体保养与检修，大修前不解体，采用网络控制，采用交流传动或液力传动，制动系统设计完整。

高速动车组的特点是：头部采用流线型设计，采用车体轻量化技术、高速转向架技术、高速受流技术，车厢密封、空调换气，高功率重量比、低噪声、低轮轨力。

高速动车组集成了一系列现代高新技术：交流传动技术，复合制动技术，高速转向架技术，高强度轻型材料与结构技术，减阻降噪技术，密封技术，高速受电弓技术，现代控制与诊断技术等。

现代化的动车段、综合维修基地的运营维护模式使动车组的运用与维修体系健全。

2. 动车组运行优势

动车组的技术发展成就主要表现在功率、速度和舒适性的提高，单位功率重量的降低，以及电子技术的应用等方面。动车组具有安全性能好、运量大、往返不需要掉转车头、污染小、节能、自带动力等优点，它在运行中的优势表现在以下几个方面。

1）编组灵活

动车组自带动力、列车两端分别设有司机室进行驾驶操作，其是配备现代化服务设施的旅客列车。动车组可以根据某条线路的客流量变化进行灵活编组，可以实现高密度、小编组发车。

2）动力加速快

动车组在两端都设有驾驶室，列车不需要掉头，节省了停车时间，加快了运转。虽然动力分散，但动力叠加在一起保证了高速的效果。列车中一节动车的牵引动力发生故障对全列车的牵引指标影响不大。

3）制动效率高

动车组由于采用复合制动技术（即动力制动与摩擦制动，加上电子防滑器及基础制动装置），因此制动效率高，且调速性能好，制动减速度大，适用于限速区段较多的线路。列车在 250 km/h 速度下实施制动后，从 200 km/h 降到 90 km/h 完全靠电机反向旋转，利用列车的巨大惯性产生电能往供电线路输电，是没有任何机械磨损的，这是一个非常绿色环保的技术，只有当列车的速度降到 90 km/h 以下才开始实施第二阶段的机械制动。时速 200 km 的动车组列车制动距离小于 2 000 m。

4）牵引功率大

交流传动技术是世界高速列车的核心技术之一。动车组采用先进的电流 IPG 技术，列车交流传动的功率可以达到 8 800 kW。动车组牵引技术包括变压器、变流器、牵引电机、牵引控制 4 项关键技术。

5）车体轻量化

高速动车组列车的重要技术要求之一是轻量化，动车组车体重量比传统客车减轻了一半。

6）运行平稳舒适

动车组在 200 km/h 高速运行的时候，要求有比较好的稳定性和平稳性（稳定性是安全性指标，平稳性是舒适性指标），要求有比较好的曲线通过能力，这需要借助高性能的转向架技术。

7）网络技术控制

动车组上为旅客提供的大量服务设施是要靠电子计算机来控制的，整个列车采用两级网络架构，对全列车所有设施设备进行监控，保证列车运行安全、高效。

3. 动车组车内设施设备先进

动车组车内设施设备现代化，座椅乘坐舒适、车窗干净、明亮，空调出风口由旅客自行调节，座位靠背有自行调节按钮，设有可调节的冷热水龙头，车厢、餐车有液晶电视，提供了密封性能良好的给排水系统，厕所采用真空集便器并设有婴儿换尿布台，多功能室给伤病、行动不便人员提供了方便。动车组有大件行李摆放处，采用了光学折射原理的减速玻璃，减小了动车组高速运行时产生的视觉冲击，减少了人体的不适感。有的动车组还设有专门的商务包间、VIP 包间，满足了旅客高层次的需求。动车组设施设备先进，乘坐舒适，使用方便，体现了"以人为本，旅客至上"的服务理念。

1.2　高速铁路乘务工作概述

1.2.1　旅客列车乘务工作的任务

旅客旅行生活的大部分时间是在列车运行过程中度过的，而旅客列车乘务工作主要是使旅客安全、便利、舒适地到达目的地。

旅客列车乘务组是客运部门的基层生产班组，其工作特点是服务对象（旅客）人数众多，客车设备条件有限，旅客要求不一，列车运行和停站时间有严格的规定。列车乘务组是在列车运行中远离领导进行工作的，许多问题要及时独立处理。这就决定了旅客列车乘务组要建立相应的组织结构及一定的工作制度，从实际出发及时解决旅客提出的要求和处理临时发生的各种问题。列车乘务组的主要任务如下。

（1）使车内保持整齐清洁，确保设备良好、温度适宜、照明充足。
（2）通告站名，组织旅客安全乘降，及时妥善安排旅客座位。
（3）对老、弱、病、残、孕、幼，以及首长、外宾等重点旅客做到重点照顾。
（4）维护车内秩序，保证安全正点。
（5）做好饮食供应工作。

1.2.2　旅客列车乘务组的主要工作

旅客列车乘务组负责旅客运输的安全，保证车内设备正常使用，保持车厢清洁、卫生，满足旅客饮食供应和文化生活需要，认真做好运输计划组织工作，办理补票业务，维护正当铁路收入。全体乘务员在列车长的统一领导下，加强基础工作，抓好安全管理，搞好列车服务质量，圆满地完成旅客运输任务。

1. 基础工作

1）出乘和退乘

乘务员出乘应穿着规定的统一服装，仪容整洁，精神饱满，佩戴规定的标志。禁止浓妆艳抹，佩戴首饰。

本段出乘时按规定时间由列车长整队点名到派班室报到，听取值班员传达有关事项和命令。列车长摘抄有关电报、命令、指示。乘务组要开好出乘会，会上由列车长布置安排往返工作。到达折返站或由折返站出乘时，列车长必须向当地客运（列车）段派班室报告乘务工作，接受任务。

每次乘务工作结束，列车长应召开班组会议，进行总结并向派班室汇报往返乘务工作情况，提出书面乘务报告。动车组乘务员出乘如图1-6所示。

图1-6 动车组乘务员出乘

2）乘务报告和趟计划

根据客运段工作计划和近期旅客运输情况，列车长每次出乘前应编制趟计划，趟计划在乘务报告中显示，其主要内容有：本次乘务工作中的重点工作安排；贯彻上级规章、命令、指示、通知的具体措施；上次乘务工作中的优缺点及改进措施；针对接车中发现的问题，应采取的措施。

旅客列车在运行中，遇到有中国国家铁路集团有限公司（以下简称国铁集团）首长、铁路局集团有限公司（以下简称铁路局）首长，以及客运系统监察人员乘车时，列车长应提出乘务报告，汇报工作，接受指导。遇国铁集团和铁路局车辆、公安、卫生、安全监察、运输部门领导乘车时，列车长应口头汇报工作，接受指导。运行在外局，应接受外局的检查指导，服从调度指挥。

3）验票制度

为了保证良好的运输秩序，维护铁路利益，列车应严格执行查验车票（电子客票）的制度。在列车内查验车票由列车长负责，乘警、乘务员协助。查验车票次数原则上每400 km一次，不足400 km的列车每单程不得少于一次。无票人员上车多的区段可以进行多次查验。

4）资料台账

列车乘务组应将相关规章、资料、台账、表报配备齐全，及时填写，准确修改。列车上应配备如下资料。

（1）旅客运输作业资料，包括《铁路旅客运输规程》《铁路技术管理规程》《客运规章汇编》，国铁集团、铁路局、客运段有关规定、规章、命令摘抄簿，《铁路乘车证管理办法》《全国旅客列车时刻表》《铁路客运运价里程表》《铁路旅客票款表》《客运记录》《旅客伤亡事故记录》《铁路电报》《车内补票移交报告》。

（2）班组管理资料，包括《旅客遗失物品登记簿》《备品损失记录》《乘务报告》《列车卫生鉴定表》《岗位责任制规定》《乘务作业标准》《竞赛评比表》《经济核算记录簿》等。

5）备品管理制度

旅客列车应配齐、配足清扫工具和引导旅客乘车的标示牌。根据车种的不同还应配备相应的水杯、台布、窗帘、卧具等。

卧具应包括以下物品：毛毯（或棉被）、棉褥、枕芯、枕套、被单、褥单。夏季还应配备毛巾被。旅客使用的卧具要洗净烫平，保持整洁，并建立质量检查制度。软卧每人一换，硬卧每单程更换一次。备品陈旧、污损的应及时更换补充。

2. 安全工作

1）工作人员的安全

乘务员出乘前必须充分休息，保持精力充沛，严禁在接班前和工作中饮酒。乘务员在上、下车时，要紧握扶手。列车运行中严禁开车门。

电气化区段停站不冲洗车身。严禁攀登车顶作业。车门开启后，注意脚下，防止绊倒，严禁在股道中心站立，注意邻线机车车辆动向。

装卸高铁快件和餐食时，车停后才能开始作业、响铃后停止作业。严禁抢装、抢卸、抓车、跳车或随车奔跑。

2）旅客运输安全

（1）列车到开前、后的安全。

旅客上车前乘务员必须对车门、车踏板、车厢连接处进行检查，发现有影响行车及人身安全的情况，应及时通知有关部门解决。列车到开前、后做好旅客乘降组织工作。始发站旅客进站时，列车长应在站台入口处、乘务员应在车门处值守，尤其要注意需重点照顾的旅客。列车即将到站接近站台时要先试开侧门，待车停稳后再打开，组织旅客先下后上，防止拥挤和混乱。对重点旅客应先安排其到车门口，列车停稳后方便重点旅客及时下车。

乘务员要加强车门管理，认真执行"停开、动关、出站锁、出站台检查瞭望"的制度，遇有临时停车，应看守车门，不能让旅客有危险举动。

（2）列车运行中的安全。

经常向旅客宣传安全常识，劝阻旅客不要站在车厢连接处，不要手扶门框、风挡，非特殊情况不要触碰除电茶炉红色按钮外的其他红色按钮。列车通过大桥、隧道时，应巡视车厢，检查行李架上的物品摆放得是否平稳、牢固，较重的物品、锐器、杆状物品、玻璃制品等应放在座位下面。

（3）防止火灾和烫伤。

严格执行餐车、炉灶、电茶炉等设施设备的操作规定。微波炉附近禁放易燃物品，餐车在运行中禁止使用明火。

乘务员在列车发生火灾或爆炸时，必须按照分工坚守岗位，不得擅离职守，要在列车长、乘警的统一指挥下灵活、果断应对。每名列车乘务人员应牢记以下10条40字应急方案：

立即停车；疏散旅客；迅速扑救；切断火源；设置防护；报告救援；抢救伤员；保护现场；协助查访；认真取证。

电茶炉应有相应的防烫、防溢措施。为旅客倒开水时应接杯，不倒过满。

（4）严禁旅客将危险品带上车。

列车应加强禁带危险品的宣传，铁路公安人员和乘务人员应密切配合，共同做好危险品检查工作。实施运输安全检查时，应佩戴规定标志，列车上查出的危险品，由值乘的公安人员妥善保管，移交最近前方停车站公安派出所处理，车站未设公安派出所的，则由列车编制客运记录，移交车站处理。对发令纸、鞭炮类的危险品应立即浸水处理。

（5）发现精神病患者乘车。

列车内发现无人护送的精神病旅客，列车长应指派专人看护，公安人员应予以协助，移交到站处理，不得转交中途站。发现有人护送的精神病旅客，乘务员应向护送人介绍安全注意事项，并予以协助。列车上发现无人护送的无票精神病患者，应交车站处理。

（6）押送犯人乘车。

押送犯人乘车时，车站和押送人员应与列车长联系，沟通相关情况。押送犯人乘车如图1-7所示。

图1-7　押送犯人乘车

（7）发现弃婴。

列车内发现弃婴，应交县、市所在地车站处理，车站不得拒收。车站对列车移交或本站发现的弃婴应转交当地民政部门。

3. 服务工作

做好列车的服务工作，最大限度地满足旅客在旅行中的物质和文化生活方面的需要是乘务员的主要任务之一，乘务员必须高素质、有礼貌地做好旅客服务工作。

1）服务礼貌

对旅客讲话时应态度和蔼，音量适宜，称呼恰当，语言表达得体准确。听旅客讲话时应认真倾听，不得随意打断，正在走行遇有旅客问话时，应停下来回答。走行站立姿势要端正，在旅客多的地方走路时，要先打招呼，不得硬挤硬撞，旅客给自己让路时应表示谢意。组织旅客上下车时，不得强拉硬拽。清扫时不得将清扫工具碰触旅客及其物品，移动旅客物品时应事先征得旅客同意并对旅客的配合表示谢意。夜间在卧车作业、走路、关门时要轻，不得喧哗，进软卧包房要先敲门，得到允许后方可进入，离开时，应退步出软卧包房。乘务员礼貌服务如图1-8所示。

图 1-8 乘务员礼貌服务

2) 车厢服务工作

乘务员要坚持"人民铁路为人民"的宗旨,做到全面服务,重点照顾。

全面服务要做到"三要"(接待旅客要文明礼貌,纠正违章要态度和蔼,处理问题要实事求是)、"四心"(对待旅客热心、解答问事耐心、接受意见虚心、工作认真细心)、"五主动"(主动迎送旅客、主动扶老携幼、主动解决旅客困难,主动介绍旅客须知,主动征求旅客意见);重点照顾要做到"三知"(知座席、知到站、知困难)、"三有"(有登记、有服务、有交接)。

始发站检票前乘务员应做好各种准备工作,值守车门,检票后,迎接旅客,查验车票(电子客票)。车上的乘务员要为上车旅客安排座席及随身携带品。开车后,乘务员按作业流程工作,及时通报站名,组织旅客安全上下车。

3) 列车广播工作

列车广播工作的主要任务是介绍铁路安全常识、旅行常识及沿线的名胜古迹;正确及时地做好站名及中转列车通告;宣传党的方针政策;为丰富旅客的旅行生活适当播放一些文娱节目;为保证旅客身心健康做好列车卫生宣传工作。

列车广播应根据旅客心理及客流特点对旅行中各区段的播音内容作出详细安排,经列车长审查批准后,按计划执行。列车广播场景如图 1-9 所示。

4) 饮水、饮食供应工作

车站要做好列车的给水工作,满足旅客饮水需要。列车应保证有足够的开水或安全、卫生的饮用水供旅客饮用。

列车饮食供应工作应面向市场,采取灵活的经营方式,参与市场竞争,以满足旅客不同消费水平的需求,实现良好的社会效益和经济效益。快餐饭盒需回收或采用易于降解的材料,以保护铁路沿线的环境。

站、车饮食供应要认真执行"全面服务,重点照顾"的原则,尊重少数民族和外籍旅客的饮食习惯、禁忌避讳。

铁路站、车饮食经营的毛利率由铁路部门根据市场状况进行管理。

图 1-9 列车广播场景

列车上的电茶炉如图 1-10 所示。

图 1-10 列车上的电茶炉

4. 列车卫生工作

车容标准：庄重、美观、整洁、卫生；设备齐全、标志鲜明。

卫生标准：窗明地净，四壁无尘，内外清洁。

列车方向牌、顺号牌、标示牌、镜框、纱窗、窗帘等应保持完整一致；顺号牌应按编组表的规定顺序排列；行李架、衣帽钩上的物品安放平稳、整齐；车门口、洗脸间、走道上不准放物品，清洁用具要在固定地点隐蔽存放。

高速铁路列车全列禁止吸烟，对意图吸烟的旅客，乘务员应进行劝阻，必要时可按有关规定进行处理。垃圾装袋处理，并在指定处理站集中投放。

旅客列车的枕套、枕巾、被单、褥单等易耗品应每年更换一次，棉被、褥、枕芯三年更换一次，毛毯应五年更换一次。

旅客列车应配备为旅客服务的"急救药箱"，用药由铁路卫生防疫站负责按规定标准定量及时配备。指定经过训练的专人管理并建立旅客用药登记簿。

【实训】

高速铁路动车乘务工作认知

【实训目标】

（1）能够掌握高速铁路的定义及列车乘务工作的任务。

（2）能够掌握动车组列车乘务组的主要工作内容。

（3）能够培养初步的自主学习能力。

【实训内容与要求】

第一步：由教师介绍实训的目的、方式、要求，调动学生实训的积极性。

第二步：对学生进行分组，确定各小组的组长和人员分工，制订小组实训计划（了解团队要做什么，要达到什么目的）。

第三步：教师介绍高速铁路动车乘务工作的相关知识和案例并布置讨论的问题。

第四步：各小组对教师布置的问题进行讨论，并记录小组成员的发言。

第五步：根据小组讨论记录撰写讨论小结。

第六步：各小组相互评议，教师点评、总结。

【实训成果与检测】

成果要求：

（1）提交案例讨论记录：3~5名学生一组，设小组长1人、记录员1人，每小组必须有小组讨论、工作分工的详细记录，以作为考核成绩的依据。

（2）能够在规定的时间内完成相关的讨论，撰写实训小结。

评价标准：

（1）上课时积极与老师配合，积极思考、发言。

（2）认真阅读案例、积极参加小组讨论、分析问题思路较宽。能结合所学知识解答问题。

（3）富有团队合作精神，积极参与小组活动。

项目 2

高速铁路动车组列车乘务工作流程与标准

【知识目标】

- 了解动车组列车乘务组的人员构成；
- 掌握动车组列车始发服务质量规范；
- 掌握动车组列车途中服务质量规范；
- 掌握动车组列车终到服务质量规范；
- 了解乘务服务用品准备要求。

【技能目标】

- 能够了解对动车组乘务人员的要求；
- 能够掌握动车组客运服务卫生准备要求；
- 能够掌握动车组列车始发作业流程及标准；
- 能够掌握动车组列车途中作业流程及标准；
- 能够掌握动车组列车终到作业流程及标准。

【学习重点及难点】

• 学习重点：动车组列车始发作业流程及标准、动车组列车途中作业流程及标准、动力组列车终到作业流程及标准。

• 学习难点：动车组列车始发服务质量规范、动车组列车途中服务质量规范、动车组列车终到服务质量规范。

【本章知识结构图】

- 高速铁路乘务终到作业
  - 动车组列车终到服务质量规范
  - 动车组列车终到作业流程及标准

- 高速铁路乘务始发作业
  - 动车组列车乘务
  - 动车组列车始发服务质量规范
  - 列车始发作业流程及标准
  - 服务技能

- 高速铁路动车组专项接待服务
  - 服务用品准备
  - 服务人员要求
  - 服务卫生准备要求
  - 列车长接待重要客人的程序和标准
  - 乘务员接待重要客人的程序和标准

- 高速铁路乘务途中作业
  - 动车组列车途中服务质量规范
  - 动车组列车途中作业流程及标准
  - 服务技能

→ 高速铁路动车组列车乘务工作流程与标准

> 思政课堂

郑州高铁90后乘务员给老人喂饭　女网友隔空喊嫁

近日，微博爆料郑州高铁"最帅乘务员"把热好的饭菜端给残疾老人，安排座位、倒水、搀扶……一路悉心照料。此举引发网友纷纷点赞，甚至有不少女网友表示：想嫁给他。

某日，高铁二队沪动一组值乘的D292次列车在上海虹桥站放行，一名残疾老人，嘴里衔着车票，蜷缩在角落。

唐世林，郑州客运段高铁二队乘务员，一位90后小伙子，巡视车厢时，发现了这位特殊的旅客。得知老人老伴瘫痪多年，老人自己双手被机器压残疾，当时，他心里一酸，当即跑到餐车，把面条、馒头热好之后端给老人。因担心车厢地板凉，唐世林找来棉垫给老人用。发现老人车票没有座位，他搀扶着老人到4号车厢残疾人区域，倒水、搀扶老人上卫生间，一路上悉心照料。

"没想太多，看到他没有双手躺在那里心里特别难受。"唐世林告诉记者，当时担心老人年龄大了，不能吃凉的，我就把饭热了端过去。

当记者问其为何选择这样去做，他平静地说："每个乘务员遇到这样的事情都会这样去做的，我只是做了一件很平常的事情。"据该车列车长郝端介绍，唐世林平时也乐于助人，为人踏实热情，深受同事好评。

有位旅客记录下唐世林照顾老人的感人瞬间，并发了微博。一时间，这种善举在网上迅速传开了。一次普通的善举，在网上传播后，引众多网友纷纷点赞。网友们一致认为：社会正需要这种正能量。这背后是社会对美德的赞誉，是美德强大感染力的延伸。甚至有网友询问唐世林是否有对象，更有女网友自荐要嫁给他。

（改编自人民网2015年10月20日文章《郑州高铁90后乘务员给残疾老人喂饭 女网友隔空喊嫁》，作者：杨晓娜）

2.1 高速铁路乘务始发作业

2.1.1 动车组列车乘务

1. 动车组列车客运乘务组的人员构成

1）客运乘务组组成

动车组列车客运乘务组由客运乘务员、随车机械师、司机、公安乘警、随车保洁和餐饮服务人员组成，简称"六乘人员"。六乘人员必须在列车长的统一领导下（除行车救援指挥外），分工合作，各司其职，共同做好旅客服务工作。

2）人员配备

客运乘务组根据交路实际需要采用轮乘制或包乘制。客运乘务组由1名列车长和2名乘务员组成，动车组重联时，按两个乘务组配备。编组16辆的动车组按1名列车长和4名乘务员配备。对运行时间较长的动车组可适当增加客运乘务人员。动车组司机实行单司机值乘制；客车检车员（随车机械师）按每组1人配备；不设运转车长；乘务人员预备率为动车组司机（含地勤司机）16%，其他人员7%。

2. 动车组列车的乘务工作

1）乘务组职责

乘务组承担服务旅客、处理票务、列车保洁、提供餐饮产品等工作。发生影响旅客安全的问题时，客运乘务组应当立即采取有效措施，保护旅客安全。

2）列车广播

运行时间在3 h以内的列车，一般只播放迎送词、服务设备介绍、安全提示、站名和背景音乐。运行时间超过3 h的列车，可在不干扰旅客休息的前提下，适当增加播放内容。列车旅客信息服务及影音播放系统播放的内容应由客运部门提供，由车辆部门录入。动车组列车采取中英文广播，动车组列车在始发前5 min播放安全提示，始发后5 min内播放欢迎词、安全提示及背景音乐，终到站前5 min播放终到告别词。广播内容由客运段提供，铁路局宣传部门、客运部门审定，车辆部门录入，始发前由随车机械师按规定操作自动广播装置。自动广播装置发生故障时，由乘务员（广播员）人工广播。乘务员（广播员）进行列车广播如图2-1所示。

3）车门管理

动车组发车前，由列车长确认旅客乘降完毕后，根据不同车型要求通知司机或随车机械师关闭车门。动车组出动车段（所）到达始发站后，应将车门保持在关闭状态。司机或随车机械师根据列车长的通知开门。列车其他工作人员不得擅自开关车门。

（1）动车组发车车门管理。

①由司机控制车门开关的动车组。

列车长在确认旅客上下车完毕后（两组动车组重联时，前进方向后组动车组列车长确

图 2-1　乘务员（广播员）进行列车广播

认本组旅客上下车完毕，向前组动车组列车长汇报。前组动车组列车长在确认全列旅客上下车完毕后），使用手持电台呼叫"××次司机，旅客上下车完毕，请关门"。

动车组司机应答"××次司机明白"。动车组司机操作控制开关关闭车门，操作台关门显示正确，确认出站（进路）信号（在 CTCS-2 级区段，动车组在完全监控模式、部分监控模式下运行时，为列控车载设备显示的允许运行的信号）开放后，口呼"车门关闭、信号开放"，确认开车时间，然后起动列车。

②由随车机械师控制车门开关的动车组。

列车长在确认旅客上下车完毕后（两组动车组重联时，前进方向后组动车组列车长确认本组旅客上下车完毕，向前组动车组列车长汇报。前组动车组列车长在确认全列旅客上下车完毕后），使用手持电台呼叫"××次随车机械师，旅客上下车完毕，请关门"。

随车机械师操作控制开关关闭车门。动车组司机确认操作台关门显示正确、出站（进路）信号（在CTCS-2级区段，动车组在完全监控模式、部分监控模式下运行时，为列控车载设备显示的允许运行的信号）开放后，口呼"车门关闭、信号开放"，确认开车时间，然后启动列车。

（2）动车组到达车门管理。

①动车组列车必须做到一次对标停车，无特殊原因禁止再次移动列车。

②CRH1、CRH2E、CRH2B、CRH5 等型动车组停稳后，司机立即操作控制开关打开站台侧车门。

③CRH2A 等型动车组停稳后，随车机械师（两组动车组重联时为前进方向前组随车机械师，下同）立即操作控制开关打开站台一侧车门。

④动车组终到后旅客下车完毕，列车长通知司机（CRH2A 等型动车组为随车机械师）关闭车门。

（3）立岗位置。

动车组乘务员必须在开车前 5 min 在站台侧车门处准备关车门作业。

4）资料台账

列车长出乘除携带电报、客运记录、票务处理设备等必要的业务资料和设备外,其他纸质资料台账不携带上车。

5）通信联络

客运乘务人员配备手持电台。动车组列车始发前,列车长的手持电台应设置在频道1并与随车机械师、乘警、司机进行通话联络。运行途中,列车长需与乘务员通话时,转为各自的专门频道进行通话。通话完毕,应转回频道1进行守候。乘务人员随身携带手持电台如图2-2所示。

图2-2　乘务人员随身携带手持电台

6）布置宣传揭示

动车组列车内的宣传框按照列车简明时刻表、旅行须知、安全须知等内容顺序布置。框内宣传品应制作精良。

3. 客运人员与司机、随车机械师结合部工作

1）人员管理

动车组本务司机、地勤司机隶属机务段管理。

随车机械师、存放点车辆调度人员、地勤机械师隶属车辆段管理。

客运乘务人员（列车长、乘务员）隶属客运段管理。

2）本务司机

动车组在区间被迫停车时,本务（负主要责任）司机负责指挥随车机械师、客运乘务组处理有关事故救援等事宜。动车组出所后,本务（负主要责任）司机负责操作动车组的车门集控开关。在车站,本务司机将列车在规定位置停稳后开启车门（少部分型号动车组由随车机械师开启车门）；开车前,根据列车长通知,关闭车门（少部分型号动车组由随车机械师关闭车门）。

3）随车机械师

随车机械师（见图2-3）负责在运行途中监控动车组的技术状态,发现故障及时将有

关信息通知司机,并采取措施,妥善处理。

动车组出所后,随车机械师负责 CRH2A 等型号动车组的车门集控开关。在车站,列车在规定位置停稳后随车机械师负责 CRH2A 等型号动车组车门的开启;开车前,根据列车长通知,关闭车门。

图 2-3　随车机械师

4)乘务员

乘务员(见图 2-4)是提供列车客运服务的主要工种之一。当发生危及行车和旅客生命安全的紧急情况时,乘务员使用紧急制动阀停车或通知司机采取措施;需要组织旅客撤离列车时,通知司机,由司机向列车调度员报告或通知就近车站值班员;在司机指挥下,处理有关事故救援等事宜。

图 2-4　乘务员

5)车内设备使用和管理

列车始发时,由随车机械师(或广播员)开启列车广播系统,确保其按正常程序播放广播和视频。

动车组配电盘、车内空调、照明及旅客信息系统设备由随车机械师操作。乘务员发现设备故障时，通知随车机械师及时处理。运行中发生设备损坏时，随车机械师与列车长共同确认，并填写上部设施破损记录，双方签字确认。

6）动车组的整备和保洁管理

动车组的客运整备和车内保洁由客运部门负责，动车组外皮清洗和吸污作业由车辆部门负责。

2.1.2 动车组列车始发服务质量规范

1. 安全秩序

（1）防火防爆、人身安全、食品安全、现金票据、结合部等安全管理制度健全有效。

（2）出、入动车所前，由车辆、客运人员对上部服务设施状态进行检查，办理一次性交接；运行途中，发现上部服务设施故障时，客运乘务人员立即向列车长报告，并通知随车机械师共同确认、处理。

（3）各车厢灭火器、紧急制动阀（手柄或按钮）、烟雾报警器、应急照明灯、防火隔断门、紧急门锁、紧急破窗锤、气密窗、厕所紧急呼叫按钮及车门防护网（带）、应急梯、紧急用渡板、应急灯（手电筒）、扩音器等安全设施设备配置齐全，作用良好，定位放置。乘务人员知位置、知性能、会使用。

（4）安全使用电源，正确使用电器设备。电器元件安装牢固，接线及插座未松动，按钮开关、指示灯作用良好；不乱接电源和增加电器设备，不超过允许负载。配电室（箱）、电气控制柜锁闭，不堆放物品。不用水冲刷车内地板、连接处和车内电器设备。

（5）安全标志设置齐全、规范，符合标准。

（6）乘务人员进出车站和动车所（客技站）时走指定通道，通过线路时走天桥、人行地道，走平交道时做到"一停二看三通过"，不横越线路，不钻车底，不跨越车钩，不与运行中的机车车辆抢行。进出车站时集体列队。

（7）乘务人员在接班前充分休息，保持精力充沛，不在班前、班中、折返站饮酒。

2. 设施设备

（1）车辆设施设备齐全，符合动车组出所质量标准。

（2）乘务员室、监控室、多功能室、洗脸间、厕所、电气控制柜、备品柜、储藏柜、清洁柜、衣帽柜、大件行李存放处、软卧会客室等不挪作他用或改变用途。多功能室用于照顾重点旅客。

（3）车辆外观整洁，内外部油漆无剥落、褪色、流坠；车内顶棚不漏水，内外墙板及车内地板无破损、无塌陷、不鼓泡；渡板及各部位压条、压板、螺栓未松动、未翘起；脚蹬安装牢固，无腐蚀破损；手把杆未破损、未松动。各部位金属部件无锈蚀。

（4）广播、空调、电茶炉、饮水机、照明灯具、电子显示屏、电视机、车载视频监控终端、控制面板、电源插座、车门、端门、儿童票标高线、地板、车窗、翻板、站台补偿器、窗帘、座椅、脚蹬、小桌板、靠背网兜、茶桌、座席号牌、衣帽钩、行李架、垃圾箱、洗手盆、水龙头、梳妆台、面镜、便器、洗手液盒、一次性坐便垫盒、卫生纸盒、擦手纸盒、婴儿护理台、镜框、洗脸间门帘、干手器、商务座车小吧台、呼唤应答器、阅读灯，软卧车铺位号牌、包房号牌、卧铺栏杆、扶手、呼叫按钮、沙发、报刊栏、餐车侧门、餐桌、吧台、冰箱、展示柜、微波炉、电烤箱、售货车等服务设施设备齐全，作用良好，正常使用，外观整洁，遇故障、破损及时修复。

（5）车厢通过台外端门框旁设儿童票标高线。儿童票标高线宽 10 mm、长 100 mm，距地板面分别为 1.2 m 和 1.5 m，以上缘为限，距内端门框约 100 mm。

（6）车内各种服务图形标志型号一致，位置统一，安装牢固，齐全醒目，符合规定。

3. 服务备品

（1）服务备品、材料等符合国家环保规定，质量符合要求，色调与车内环境相协调。

（2）服务备品齐全，干净整洁，定位摆放。布制、易耗备品准备充足，保证使用。布制备品按规定的时间使用和换洗，有启用时间（年、月）标志。

①软卧车（含高级软卧车）。

新型双层软卧车如图 2-5 所示。

软卧车配有被套、被芯、枕套、枕芯、床单、垫毯、卧铺套、靠背套、茶几布、一次性拖鞋、衣架、不锈钢果皮盘、带盖垃圾桶、热水瓶、积水盘、面巾纸盒及服务指南、免费读物。

软卧车备有托盘、热水瓶和一次性硬质塑料（纸质）水杯。

图 2-5　新型双层软卧车

②软卧代座车。

软卧包房内有卧铺套、靠背套、不锈钢果皮盘。

软卧包房门框上原铺位号牌处有座席号牌。备有热水瓶和一次性硬质塑料（纸质）水杯。

③商务座车（见图 2-6）。

图 2-6　商务座车

商务座车提供小毛巾，就餐时提供餐巾纸、牙签。

商务座车配有耳塞、靠垫、鞋套、一次性拖鞋、清洁袋和专项服务项目单、服务指南、免费读物。

商务座车配备防寒毯、耳机、眼罩、托盘、热水瓶和一次性硬质塑料（纸质）水杯。

④特、一、二等座车。

特、一、二等座车配有清洁袋、免费读物和服务指南，放置在座椅靠背袋内或其他指定位置。

二等座车配有座椅套、头枕片；特、一等座车还配有头枕。

电茶炉配有纸杯架的，备有一次性硬质塑料（纸质）水杯。

乘务组备有热水瓶、耳塞和一次性硬质塑料（纸质）水杯。

⑤洗脸间。洗脸间有洗手液、擦手纸（或干手器）。

⑥厕所。厕所内有芳香盒和水溶性好的卫生纸、擦手纸，坐便器配有一次性坐便垫圈，小便池内放置芳香球。

（3）贴身卧具（被套、床单、枕套）和头枕片干燥、清洁、平整，无污渍、无破损，已使用与未使用的折叠整齐，分别装袋保管。卧具袋防水、耐磨、干净、无破损。贴身卧具与其他布质备品分类洗涤；洗涤、存储、装运及更换不落地、无污染。

（4）卧车垫毯、被芯、枕芯等非贴身卧具备品干燥、清洁，无污渍、无破损，定期晾晒。被芯、枕芯先加装包裹套，再使用被套、枕套。包裹套定期清洗，保持干燥整洁。

（5）布制备品定位存放在储物（藏）柜内。无储物（藏）柜或储物（藏）柜容量不足的，定位放置在3、7、11号卧铺下。

（6）有厕所专用清扫工具，与车内清扫工具分开定位存放在清洁柜内；无清洁柜的定位隐蔽存放。商务座、特等座、一等座车厢不存放清洁工具。清扫工具、清洁剂材质符合规定。

（7）清洁袋质地、规格符合规定，具有防水、承重性能。

（8）每标准编组车底配备2辆垃圾小推车，垃圾小推车、垃圾箱（桶）内使用垃圾袋，垃圾袋符合国家标准，印有使用单位标志，与垃圾箱（桶）规格匹配，厚度不小于0.025 mm。

（9）列车配有补票机、站车无线交互系统应用手持终端设备和GSM-R通信设备；乘务人员配置手持电台。设备电量充足，作用良好。站车无线交互系统应用手持终端设备在始发前登录，途中及时更新信息。

4. 出库标准

（1）车厢内外各部位整洁，窗明几净，四壁无尘，物见本色。

①外车皮、站台补偿器内外、窗门框及玻璃、扶手干净、无污渍。

②天花板（顶棚）、板壁、边角、地板、连接处、灯罩、座椅（铺位）、空调口、通风口、电茶炉、靠背袋网兜内等部位清洁卫生，无尘、无垢、无杂物。

③热水瓶、果皮盘、垃圾箱（桶）、洗脸间内外洁净。

④餐车橱、柜、箱干净无异味，分类标志清晰，商品、餐食、饮品和备品等分类定位放置。

⑤厕所无积便、无积垢、无异味，地面干净、无杂物。污物箱内污物排尽。

（2）深度保洁结合检修计划安排在白天作业，范围包括车厢天花板、板壁、遮阳板（窗帘）、灯罩、连接处、车梯、商务座椅表面、座椅（铺位）缝隙、座椅扶手及旋转器卡槽、小桌板脚踏板、暖气罩缝隙、洗手液盒、车厢边角，以及电茶炉、饮水机内部。

（3）布制品、消耗品和保洁工具等服务备品配备齐全，定位放置，定型统一。

①卧具叠放整齐，摆放统一，床单、头枕片、座席套、茶几布等铺设平整，干净整洁。

②清洁袋、洗手液、卫生纸、擦手纸、一次性坐便垫圈、服务指南、免费读物、商务座专项服务物品等备品补足配齐，定位放置。服务指南中含有旅行须知、乘车安全须知、本车型的设施设备介绍、主要停靠站公交信息、客运服务质量标准摘要及本趟列车销售的商品价目表、菜单。

③垃圾小推车等保洁工具及售货车等定位放置，不影响旅客使用空间。

（4）可旋转式座椅转向列车运行方向。

（5）定期进行"消、杀、灭"，蚊、蝇、蟑等病媒昆虫指数及鼠密度符合国家规定。

5. 文明服务

（1）仪容整洁，着装统一，整齐规范。

①头发干净整齐、颜色自然，不理奇异发型、不剃光头。男性两侧鬓角不得超过耳垂底部，后部不长于衬衣领，不遮盖眉毛、耳朵、不烫发、不留胡须；女性发不过肩，刘海长不遮眉，短发不短于两寸。

②面部、双手保持清洁，身体外露部位无文（纹）身。指甲修剪整齐，长度不超过指尖 2 mm，不染彩色指甲。

③女性淡妆上岗，唇线与口红的颜色一致；眉毛修剪整齐，眉笔和眼线为黑色或深棕色；眼影的颜色与制服一致；使用清香、淡雅型香水。工作中保持妆容美观，端庄大方。补妆及时，在洗手间或乘务间进行补妆。不浓妆艳抹。

④统一换装。着裙装时，丝袜统一，无破损。系领带时，衬衣束在裙子或裤子内。外露的皮带为黑色。佩戴的外露饰物款式简洁，限手表一只、戒指一枚，女性还可佩戴发夹、发箍或头花及一副直径不超过 3 mm 的耳钉。不歪戴帽子，不挽袖子和卷裤脚，不敞胸露怀，不赤足穿鞋，不穿尖头鞋、拖鞋、露趾鞋，鞋跟高度不超过 3.5 cm，跟径不小于 3.5 cm。

⑤佩戴职务标志。胸章牌（长方形职务标志）戴于左胸口袋上方正中，下边沿距口袋 1 cm 处（无口袋的戴于相应位置），包含姓名、职务等内容。菱形臂章佩戴在上衣左袖肩下四指处。按规定应佩戴制帽的工作人员，在执行职务时戴上制帽，帽徽在制帽折沿上方正中。除列车长外，其他客运乘务人员在车厢内作业时可不戴制帽。高铁乘务人员仪容如图 2-7 所示。

（2）立岗姿势规范，精神饱满。

站立时，挺胸收腹，两肩平衡，身体自然挺直，双臂自然下垂，手指并拢贴于裤线上，脚跟靠拢，脚尖略向外张呈 V 形。女性可双手四指并拢，交叉相握，右手叠放在左手之上，自然垂于腹前；左脚靠在右脚内侧，夹角为 45°。高铁乘务人员立岗姿势如图 2-8 所示。

图 2-7　高铁乘务人员仪容

图 2-8　高铁乘务人员立岗姿势

2.1.3　列车始发作业流程及标准

1. 列车长

1）始发前准备

列车长提前 2 h 到派班室报到，摘抄命令及相关内容，听取派班员对重点工作的布置。确认当日担当乘务情况，核对乘务人员名单，核实当趟考勤情况。请领电台（对讲机）、站车无线交互系统应用手持终端设备、GSM-R 手持终端设备、移动补票机和票据。在乘务日志上填写本趟重点工作和安全预想。做到按时出乘，命令指示记录准确、无遗漏，乘务任务明确，有重点。

检查通信设备、补票设备使用状态，召开出乘会，检查乘务员仪容仪表、着装、上岗证和健康证，检查备品情况，布置乘务趟计划和安全预想。趟计划主要内容包括：本次乘务工作中的重点工作安排；贯彻上级规章、命令、指示、通知的具体措施；上次乘务工作中的优缺点及改进措施；针对接车发现的问题，准备采取的措施。

结合趟计划重点内容对乘务员进行试问，针对业务学习计划进行业务抽查。做到通信、补票设备状态良好，电量充足；命令传达准确，乘务任务布置清楚，值乘人员精神饱满；着装及仪容标准符合要求；对讲机佩戴位置统一。

全体乘务员佩戴制帽，统一右手拉箱，右肩背包，列车长走在乘务员的前面，列纵队进站台接车。在站台列车中间车厢相应位置，列车长分别向餐饮、保洁人员传达命令、文件及重点工作安排，检查健康证、上岗证携带情况。组织餐服、保洁人员，面向站台或线路方向，以列车长、餐服长、保洁组长为第一位，三队横向一字排开，乘务箱包统一放置于身体右侧，以立岗迎客的标准站姿迎接车底进站。

列车进站时面带微笑行注目礼，列车停稳后，列车长用电台通知本务司机乘务班组到岗，申请打开全列车门，组织人员集体登车。在餐吧车车门处与终到班组列车长进行交接。与司机、随车机械师、乘警核对电台频道。检查列车整备情况，组织客运、餐饮、保洁人员按分工区域，对服务设备、车厢卫生、书刊和清洁袋摆放等进行检查并办理交接。检查内容包括：①检查安全锤、灭火器；②对列车出库后的卫生间、洗脸间、通过台、车内地面、小桌板、窗台、窗帘滑道卫生进行鉴定、打分；③监督、检查外车皮卫生质量，发现问题及时与保洁领班联系；④由列车长督促保洁人员对车内卫生进行检查和完善；⑤检查保洁人员是否按规定时间出乘，是否持有有效健康证和上岗证，是否携带清洁用具，仪容着装、乘务标志佩戴是否整齐规范；⑥检查餐服人员（含商务座服务员）是否按规定时间出乘，检查仪容着装、佩戴标志、持有效证件情况；⑦检查餐吧车商品摆放及移动售货车商品摆放情况。

要确保列队整齐，行动一致；要认真负责，组织有序；要按时接车，交接清楚，签字确认，检查全面；对于设施设备要做到知位置、知数量、知状态，消除隐患；要确保商品摆放美观、整齐、入柜放置，移动售货车商品放置平稳、美观、整齐；要确保清洁用具、备品等隐蔽存放。旅客上车前，列车长在餐吧车检查餐饮服务人员健康证、上岗证；食品卫生合格证、食品安全承诺书；餐桌台面、吧台内外卫生情况；所售快餐及食品的出厂日期和保质期；电冰箱使用状态及安全用电情况。

在规定位置与车站客运值班员办理交接，了解本次列车的客流情况。掌握重点旅客乘车信息，做好重点旅客引导工作，在规定位置迎接旅客上车。执行发车程序，与司机及时联系确认。开车铃响登车，加强瞭望，与本列乘务员（重联时，与重联列车长）确认旅客乘降完毕。铃停后，通知司机或随车机械师关闭车门（重联时，由前列列车长负责），行注目礼立岗出站。做到交接清楚，掌握重点；引导有序，妥善安排，通告及时；落实发车程序，确保动车组列车安全、正点运行。

2）开车后

巡视车厢，检查行李摆放情况，提醒旅客将大件行李及铁器、锐器等不适宜放在行李架上的物品放在指定位置并注意看管。做好重点旅客服务工作。查验车票、解答旅客问询，检查保洁人员、商务座乘务员、餐饮服务人员作业质量。

①检查商务座、特等座、一等座旅客服务情况，巡查设施设备使用状态。

②检查商务座乘务员提供的服务项目、作业程序的落实情况。
③检查保洁人员对洗脸间、卫生间（厕所）、通过台卫生的恢复情况。
④检查餐饮服务人员落实作业程序情况，电器设备使用状态。
⑤了解车内旅客动态，掌握重点旅客乘坐位置。
⑥自小号车厢开始进行全面巡视，对列车安全重点部位、设施设备、消防器材进行检查。
⑦检查商务座乘务员及其他乘务员服务工作质量。
⑧检查各车厢卫生间、洗脸间、通过台、车厢内卫生，并根据查出的卫生问题及时提示保洁人员和乘务员进行快速恢复和弥补。
⑨掌握餐饮供应情况，检查餐饮服务人员售卖情况。
⑩掌握车内旅客动态，处理服务过程中的各类问题。了解重点旅客服务需求，检查乘务员对重点旅客的服务是否到位。
⑪从大号车厢起，核对空余座位，组织乘务员查验车票，办理补票业务。掌握商务座、特等座、一等座车旅客乘车情况，对路内外重要旅客及时做好汇报和信息反馈。做到行李物品摆放平稳，通道保持畅通。

2. 客运乘务员

1）始发前准备

提前 2 h 到派班室报到，参加出乘任务布置会，接受列车长布置的本趟重点工作。参加业务学习，接受列车长业务抽考。检查电台、移动补票机、站车无线交互系统应用手持终端设备等设备性能。整理制帽、胸卡、头饰、皮鞋、制服、乘务箱、车门钥匙等。做到通信、补票设备状态良好，电量充足；精神饱满，着装及仪容标准符合要求，对讲机佩戴位置正确。

乘务员于列车到达前 15 min 列队，由列车长带领到站台接车。在列车中部车厢列队接车，与上一班乘务员办理交接。

①乘务员迅速将乘务箱定位放置，对安全锤、安全乘降梯、过渡板、耳机等设施设备进行检查。
②检查灭火器铅封状态、有效期。
③检查垃圾箱、卫生间、洗脸间、座席下、行李架上、大件行李存放处等处所。
④检查车内清扫工具，检查坐便垫、服务指南、清洁袋、洗手液等消耗品的配备数量情况。
⑤整理头枕片、靠背网袋内的杂志、服务指南、清洁袋等物品。
⑥整理备品存放处的物品。
⑦发现问题通知列车长处理。

做到准时接车，仔细交接，确保备品充足，存放整齐；对于设施设备做到知位置、知数量、知状态。

乘务员在车门处迎接旅客上车。引导旅客就座，妥善安放行李，解答旅客问询，妥善安排重点旅客，发现问题及时处理。及时劝告送客人员下车，遇不能处理的问题向列车长报告。提示并帮助旅客将大件行李安放在大件行李处。向列车长报告分管车厢旅客上下车情况。列车启动时面带微笑、目视前方、行注目礼。

做到言行规范，引导有序，妥善安排。发现问题，妥善处理，报告及时。按时播报，使用普通话，音量适宜。商务座乘车旅客较多时，一、二等座乘务员在列车始发时要协助商务座乘务员做好迎接旅客上车等工作。

2) 开车后

列车出站后，检查车门关闭状态，按分工巡视车厢。使用广播致欢迎词，介绍列车设施设备、服务项目及沿途到站情况。检查行李摆放情况，提醒并协助旅客将大件行李及铁器、锐器等不适宜放在行李架上的物品放在大件行李存放处。安排好重点旅客。做到行李摆放平稳，通道保持畅通，主动引导。

根据列车长提供的票务信息，核对分管车厢空余座位，发现乘车条件不符的人员，通知列车长处理。做到核对空余座位仔细，执行规章熟练、准确，减少对旅客的干扰。

随时对车内卫生进行清理。及时检查卫生间及洗脸间的洁净程度、消耗品的使用情况。做好重点旅客的服务工作。督促保洁员进行卫生作业，保持全程卫生质量。

2.1.4 服务技能

1. 立岗迎接

（1）在车门立岗迎接旅客时，态度要诚恳、热情、礼貌、周到，目光应关注旅客，并用亲切的语言表示欢迎："您好，欢迎乘车。"

（2）车门处发生拥挤现象时，应按先后顺序维持排队秩序，及时提醒旅客看管好自己的行李物品。遇到老人、小孩和行动不便的旅客要主动搀扶，给予帮助。

2. 车厢整容

（1）旅客上车后，应提醒旅客保管好行李以免丢失，放稳行李以免坠落伤人。

（2）对于送客人员，应在开车前及时提醒他们下车。

（3）引导中要注意落实对号入座的原则，如果该座位坐有其他旅客，应请其离座。当旅客主动离座时，应主动说"谢谢您的合作"。碰到少数拒绝让座的旅客，切忌用诸如"没座位活该！"等生硬语言刺激旅客，应积极寻找空座位，缓解矛盾。对于恶意"霸座"旅客，通知乘警处理。

（4）整理行李架时，应主动向旅客解释，以取得旅客的配合。如"旅客们，为了给大家创造安全舒适的环境，现在开始整理车厢，请予合作，谢谢！"。

2.2 高速铁路乘务途中作业

2.2.1 动车组列车途中服务质量规范

1. 安全秩序

（1）运行途中，发现上部服务设施故障时，客运乘务人员应立即向列车长报告，并通知随车机械师共同确认、处理。

（2）列车到站停稳后，司机或随车机械师开启车门，并监控车门开启状态。开车前，列车长（重联时为运行方向前组列车长）确认站方开车铃声结束，旅客乘降完毕，高铁快件和餐车物品装卸完毕后，通知司机或随车机械师关闭车门。

（3）列车运行中，车门、气密窗锁闭状态良好。定期巡视，保持通道畅通。发现车门未锁闭或锁闭状态不良时，指派专人看守，并及时通知随车机械师处理。

（4）采用广播、视频、图形标志、服务指南等方式，宣传安全常识和车辆设施设备的使用方法，提示旅客遵守安全乘车规定。

（5）运行中做好安全宣传和防范，保持车内秩序，确保环境良好，无闲杂人员随车叫卖、捡拾、讨要。发现可能损坏车辆设施和影响安全、文明的行为及时制止。

（6）全列各处所禁止吸烟，加强禁烟宣传，发现吸烟行为及时劝阻，并由公安机关依法查处。

（7）行李架、大件行李存放处的物品摆放平稳、牢固、整齐。大件行李放在大件行李存放处，不占用席（铺）位，不堵塞通道。锐器、易碎品、杆状物品及重物等放在座（铺）位下面或大件行李存放处。衣帽钩限挂衣帽、服饰等轻质物品。使用小桌板不超过承重范围。

（8）发现旅客携带品可疑及无人认领的物品时，配备乘警的列车通知乘警到场处理；未配备乘警的列车由列车长处理，做好危险品登记、保管及现场处置工作，并交前方停车站（公安部门）处理。

（9）发现行为、神情异常旅客时，重点关注，配备乘警的列车通知乘警到场处理；未配备乘警的列车由列车长处理，情形严重时交列车运行前方停车站处理。

（10）发生旅客伤病时，提供协助，通过广播寻求医护人员帮助；情形严重的，报告客运调度。

2. 设施设备

（1）车外电子显示屏（见图2-9）显示列车运行区间、车次、车厢顺号等信息，车内电子显示屏（见图2-10）显示列车运行区间、车次、车厢顺号、停站、运行速度、温度、中国铁路客户服务中心客户服务电话（区号+电话号码）、安全提示等信息。应确保电子显示屏显示及时、准确。

（2）在列车运行途中，要及时更新站车无线交互系统应用手持终端设备的信息。

3. 途中标准

（1）使用垃圾小推车和专用工具适时保洁，保持车厢整洁卫生。旅客下车后及时恢复车容。

①各处所地面墩扫及时，确保干燥、干净；台面、桌面、面镜擦抹及时，确保干净、无水渍。

②洗脸（手）池、电茶炉沥水盘清理、擦抹及时，确保无污渍、无残渣、无堵塞、无积水；垃圾车、垃圾箱（桶）、清洁袋、靠背袋网兜、果皮盘清理及时，确保无残渣；确保厕所畅通、无污物、无异味，按规定吸污。

③餐车餐桌、吧台、工作台、微波炉，以及各橱、箱、柜内保持洁净。

图 2-9　车外电子显示屏

图 2-10　车内电子显示屏

（2）清洁袋、洗手液、卫生纸、擦手纸、一次性坐便垫圈等备品补充及时；及时更换被污染的卧具。

（3）垃圾装袋、封口，确保无渗漏，定位放置，在指定站定点投放；不向车外扫倒垃圾，抛扔杂物。

4. 文明服务

（1）表情自然，态度和蔼，用语文明，举止得体，庄重大方。

①使用普通话，表达准确，口齿清晰。服务语言表达规范、准确，使用"请、您好、谢谢、对不起、再见"等服务用语。对旅客称呼恰当，统称为"旅客们""各位旅客""旅客朋友"，单独称为"先生""女士""小朋友""同志"等。

②旅客问询时,面向旅客站立(工作人员办理业务时除外),目视旅客,有问必答,回答准确,解释耐心。遇有失误时,向旅客表示歉意。对旅客的配合与支持,表示感谢。

③坐立、行走姿态端正,步伐适中,轻重适宜。在旅客多的地方,先示意后通行;与旅客走对面时,要主动侧身面向旅客让行,不与旅客抢行。

④列车进出站时,在车门口立岗,面向站台行注目礼。办理交接时行举手礼,右手五指并拢平展,向内上方举手至帽檐右侧边沿。

⑤清理卫生时,清扫工具不触碰旅客及其携带物品。挪动旅客物品时,先征得旅客同意。需要踩踏座席、铺位时,戴鞋套或使用垫布。占用洗脸间洗漱时,礼让旅客。清洁卫生间时,作业人员戴保洁专用手套。

⑥夜间作业、行走、交谈、开关门要轻。进软卧包房先敲门,离开时应倒退出包房。

⑦不高声喧哗、嬉笑打闹、勾肩搭背,不在旅客面前吃食物、吸烟、剔牙齿和出现其他不文明、不礼貌的动作,不对旅客评头论足,接班前和工作中不食用有异味食品。

⑧客运乘务人员进出车厢时,面向旅客鞠躬致谢。

(2)温度适宜,环境舒适。

①确保通风系统作用良好,车内空气清新,质量符合国家标准。始发前对车厢进行预冷、预热,车内温度保持18~20 ℃(冬季),26~28 ℃(夏季)。

②确保车内照明符合规定。

(3)广播、视频。

①广播常播内容录音化。使用普通话。经停少数民族自治地区车站的列车可根据需要增加当地通用的民族语言播音。涉港列车可增加粤语播音。动车组列车使用中英双语播报客运作业信息。

②广播语音清晰,音量适宜,用语准确,不干扰旅客正常休息。自动广播系统播报正确。

③视频系统性能良好,使用正常,始发前开启系统,播放节目,播放内容符合规定并定期更新。

④广播、视频内容以方便旅行生活为主,介绍、宣传安全常识和车辆设施设备的使用方法,提示旅客遵守安全乘车规定,播报前方停站、到站信息等内容,适当插播文艺娱乐、文明礼仪、沿线风光、民俗风情、餐食供应、广告等节目。

(4)用水供应。

①保证饮用水供应,在途中上水站按规定上水。使用饮水机的列车备有足量桶装水。

②列车始发后为旅客送开水,途中有补水服务;售货车配热水瓶,利用售货时机为有需求的旅客提供补水服务。

(5)运行途中,厕所吸污时或未供电时锁闭厕所,其他时间不锁闭厕所。厕所锁闭时,为情况特殊急需使用厕所的旅客提供方便。

(6)公共区域的电源插座保证符合标示范围的旅行必需的小型电器的正常使用。

(7)通过图形符号、电子显示、广播、视频、服务指南等方式宣传旅客运输服务信息及客运服务质量标准摘要,引导旅客自助服务。

(8)夜间运行,卧车乘务员在边凳值岗,并定时巡视车厢。按规定核对卧车铺位。列车剩余铺位在列车长办公席或指定位置公开发售，公布手续费收费标准。

（9）发现旅客遗失物品应妥善保管，设法归还失主，无法归还时编制客运记录交车站处理。无法判明旅客下车站时交列车终到站处理。

（10）根据旅客乘坐列车等级和席别提供相应服务。

①商务座车配有专职人员，相关人员应主动介绍专项服务项目，提供饮品、餐食、小食品、小毛巾、耳塞等。

饮品有茶水、饮料，品种不少于6种，茶水全程供应。逢供餐时间的，免费供应餐食。供餐时间为：早餐8:00以前，正餐11:30—13:00、17:30—19:00。正餐以冷链为主，配用速溶汤，分量适中，可另行配备面点、菜品、佐餐料包等。品种不少于3种，配有清真餐食，定期调整。选用非油炸类点心、蜜饯类、坚果类等无壳、无核、无皮、无骨的休闲小食品，品种不少于6种，尽量使用独立小包装。

②"G"字头跨局动车组特、一等座车提供饮品、小食品等服务，全程提供送水服务。

2.2.2 动车组列车途中作业流程及标准

1. 列车长

1）运行中

检查途中保洁作业情况，督促保洁人员在规定时间内完成作业内容，督促保洁人员对车内的垃圾随时进行清理。随时检查卫生间及洗脸间的卫生情况，保证列车卫生质量并根据查出的卫生问题及时提示保洁人员和乘务员进行快速恢复和弥补。督促保洁人员对卫生间、洗脸间、通过台、车厢内卫生随时进行整理。做到卫生质量达标，巡视有记录，保持列车全程卫生质量。

检查和掌握餐饮供应情况。核对售货品种和价目表，检查食品包装、生产日期等信息。检查餐饮服务人员服务规范、着装、用语情况，了解旅客对饮食供应的满意程度。检查餐饮工作人员落实作业程序、电器设备安全使用情况。供餐时间检查餐吧车卫生清理和保持情况。巡视和检查商务座、特等座、一等座旅客服务落实情况，掌握商务座、特等座、一等座旅客动态。落实乘务检查制度，把住食品卫生关，做好旅客的食品供应工作和卫生保持工作。

列车长每1 h巡视车厢一次，掌握车内旅客动态，处理服务过程中的各类问题，为重点旅客提供相应服务。做到耐心解答旅客问询，处理旅客事宜灵活机动，解释到位。汇报内容准确。

2）中途停车

提前5 min通告站名，提醒旅客下车，确保通告及时，用语规范。列车停车时及时观察各车厢旅客下车情况，遇有车门故障时，及时组织旅客从其他车门下车。遇必要事项，与车站办理交接时，要交接清楚，掌握重点，重要事项有签字。观察旅客乘降情况，及时通告列车关门信息。做到通知语言规范、音调适宜（可指定人员广播）、宣传到位，防止旅客越站。

2. 客运乘务员

1）运行中

巡视车厢，随时解答旅客问询，向旅客介绍设施设备的使用方法，适时对旅客进行安全提示,开展禁烟宣传。用餐时间协助餐饮服务人员做好供应工作。遇有旅客点餐时要及时通知餐饮服务人员。运用规范用语,姿态举止得体,耐心解答旅客问询。妥善处理旅客提出的问题,回答问题准确、及时。

2)中途停车

提前 5 min 通告站名,提醒旅客下车,做到通知语言规范、音调适宜。协助重点旅客做好下车准备。列车停车时在始发立岗位置立岗,及时观察左右车厢旅客下车情况,遇有车门故障时,及时通知列车长并组织旅客从其他车门下车。观察旅客乘降情况,乘降完毕及时通知列车长。对重点旅客需求做到心中有数。

2.2.3 服务技能

1. 日常礼貌用语

1)欢迎礼貌用语

(1)您好!欢迎乘车!

(2)欢迎您到餐车用餐。

2)问候礼貌用语

(1)您好。

(2)早上好。

(3)中午好。

(4)晚上好。

3)告别礼貌用语

(1)请慢走。

(2)这是您的东西,请拿好,多谢!

(3)再见。

(4)祝您旅途愉快!

(5)祝您一路平安!

(6)下次旅行再见。

4)征询礼貌用语

(1)需要我帮您做些什么吗?

(2)您还有别的事情吗?

(3)您需要××吗?

(4)如果您不介意的话,我可以……

(5)您好,请问这个(如矿泉水、食品包装等)您还需要吗?

(6)您觉得车内温度合适吗?

(7)我们为您准备了××、××、××,您需要哪一种?

(8)您需要添些水吗?

5)应答礼貌用语

(1)不必客气。

(2)没关系。

（3）这是我应该做的。
（4）照顾不周的地方，请多多指教。
（5）我马上来（或我马上去办）。
（6）我明白了。
（7）是的。
（8）非常感谢。
（9）谢谢您的好意。
6）表示道歉的礼貌用语
（1）请原谅。
（2）打扰您了。
（3）失礼了。
（4）实在对不起。
（5）谢谢您的提醒。
（6）是我们的错，对不起。
（7）好的，我们马上办好。
（8）请不要介意。
（9）对不起，让您久等了。
（10）对不起，借过一下。
7）表示推脱的礼貌用语
（1）没有听说。
（2）承蒙您的好意，但是……

2. 电台规范用语

1）列车长
（1）××次司机，旅客乘降完毕。
（2）呼叫机械师！×车厢车门有故障，请到位！
2）乘务员
（1）（1、2、3）〔（4、5）或（6、7、8）〕车厢旅客乘降完毕。
（2）××车厢空余××、××号座位，共×个。
（3）呼叫列车长！×号车厢××出现故障，请求处理！
（4）呼叫列车长！请到×号车厢。

3. 组织旅客乘降技能

（1）列车长按照客流通知单，了解中途下车旅客的分布、人数、位置，并通过乘务员的汇报准确掌握中途下车的重点旅客情况。

（2）列车长合理制订中途下车旅客的车门分配方案，乘务员清楚自己分工车门中途各站旅客下车人数。

（3）中途站到站前 10 min，通过广播进行报站提示，并提醒未到站旅客不要下车，同时乘务员深入车厢帮助重点旅客，提示下车旅客做好准备，引导下车旅客到下车门。

（4）中途站列车长、乘务员、保洁员在分工车门处认真监控旅客乘降，发生突发情况，立即向列车长汇报，如乘降过程中遇车门故障，立即启动应急预案。

（5）中途站旅客上车后，相关人员引导旅客向车内移动，开车后引导旅客快速入座。

4. 供应开水

（1）在运行途中应向旅客介绍电茶炉的位置。对车厢里的老、弱、病、残等旅客应坚持送水到位。杜绝重点旅客到电茶炉取水，提示旅客不要用塑料瓶，罐头瓶等容器接开水，以免容器发生变形、炸裂而烫伤旅客。

（2）送水时应注意别烫伤了自己和旅客。

（3）接旅客的杯子，手要握着杯子的中下部。如果是带把的杯子，要让杯子把朝外，方便旅客接回杯子。

（4）倒水时，左手拿杯子，壶嘴贴近杯子，缓缓倒入，不能太满。不小心把水溅到旅客身上或物品上时，应马上帮旅客擦干净。

（5）需倒水服务的旅客较多时，要表现出耐心，一般先给靠近车窗旅客倒水，然后依次向外。倒水的同时，应提醒其他旅客"准备好您的杯子和茶叶，请稍候"，以缓解其他旅客的焦虑情绪。

（6）水没有开，旅客需要接水时，可微笑着向旅客解释："对不起，水还没有开，请您稍等一会儿，绿灯亮时可取用。"

5. 巡视服务

无作业时乘务员定位站立，随时观察车内动态。每30 min巡视一次车厢，并与保洁人员交换位置。在值乘中不得坐车厢座位，或与旅客聊天，不得拨打手机。乘务员在巡视服务中，必须提示带儿童的旅客做好儿童的安全监护工作，即不让儿童在座席、茶桌上站立，在车内来回跑动，单独如厕和倒开水。为旅客拿东西时，应该轻拿轻放；为旅客递送东西时，应该站在旅客的正面，递送东西到位，当对方接稳后再松手。乘务员巡视车厢如图2-11。

图2-11 乘务员巡视车厢

6. 查验车票

（1）查票前要事先做好广播或口头宣传："旅客们，现在开始查验车票，请大家把身份证件准备好，谢谢！"。

（2）查票时，应亲切、客气地对旅客说"请出示您的身份证件"。认真仔细查验完毕后，要有礼貌地将身份证件还给旅客，同时说"请收好您的身份证件，谢谢！"，切忌使用"查票啦，把身份证件拿出来""为什么不买票？""补票去"等生硬、冷漠的语言对待旅客。

（3）遇上不理不睬、不配合的旅客，无论对方出于什么原因，都不能计较，可略提高音量，态度和蔼地说："先生（女士），请出示您的车票，如果您没来得及买票，可以办理补票手续。"

（4）对无票乘车或是以没钱等各种借口不愿补票的旅客，可在乘警的协助下向他指出："先生（女士），若您实在无法补票，列车将按章编制客运记录，请您在前方大站下车，由车站协助当地政府为您解决困难。"

7. 旅客去向登记

（1）各车厢乘务员对上车旅客要及时问询，掌握重点信息，对中途下车旅客的座位和数量做到准确、细致了解。

（2）列车长要根据旅客乘车人数通知单和各车厢乘务员的统计对各站中途下车旅客做到心中有数。

（3）中途下车旅客数量较大时，列车长要提前安排，乘务员要提前组织，做好分流，保证旅客快上、快下。

（4）在到站前 10 min，列车广播提示前，乘务员要深入车厢，做好中途下车旅客的提醒工作，并引导其至车门处等候下车。

（5）乘务员在列车到站后要随时监控车门安全情况，并保证旅客乘降安全。

（6）待旅客乘降完毕后，乘务员要及时将信息通报列车长。

（7）列车长在收到各车厢乘务员通报旅客乘降完毕的信息后，立即通知司机或随车机械师关闭车门，避免造成责任晚点。

（8）乘务员发现车门出现故障时，及时通知列车长，由列车长通知随车机械师在第一时间及时修复。

2.3 高速铁路乘务终到作业

2.3.1 动车组列车终到服务质量规范

1. 终到标准（不折返）

终到站时，确保垃圾装袋、封口、无渗漏，定点投放；确保车内无旅客遗留物品；确保所有旅客下车。

2. 到站立即折返标准

（1）站台侧车外皮、门框、车窗干净，无污物、无积尘。

（2）车内地面清洁，行李架、大件行李存放处、扶手及座椅（铺位）、窗台上和靠背网兜内干净整洁；垃圾箱（桶）内无垃圾，无异味。

（3）热水瓶、果皮盘内外洁净，垃圾箱（桶）、洗脸间四周洁净。

（4）餐车橱、柜、箱干净、无异味，分类标志清晰，商品、餐饮品和备品等分类定位放置。

（5）洗脸间、厕所面镜洁净，洗脸（手）池、便器无污物、无异味。电茶炉沥水盘洁净。

（6）布制品、消耗品和保洁工具等服务备品配备齐全，定位放置，定型统一：①卧具叠放整齐，摆放统一，床单、头枕片、座席套、茶几布等铺设平整，干净整洁；②清洁袋、洗手液、卫生纸、擦手纸、一次性坐便垫圈、服务指南、免费读物、商务座专项服务册等备品补足、配齐，定位放置；③保洁工具、售货车等备品定位放置，不影响旅客使用空间。

（7）可旋转式座椅转向列车运行方向。

3. 文明服务

列队出勤（退乘）时，按规定线路行走，步伐一致，箱（包）在同一侧。乘务员列队出勤（退乘）如图2-12所示。

图2-12 乘务员列队出勤（退乘）

2.3.2 动车组列车终到作业流程及标准

1. 列车长

1）终到前

列车终到前，掌握车内旅客终到情况，遇提出特殊需求的旅客，需与车站提前联系沟通相关事宜。全面巡查乘务员、保洁人员、餐饮服务人员工作状态。进行全面卫生恢复，检查车内卫生、备品的定型和定位情况，消耗品的补充和缺失情况。核对补票、收款情况。掌握餐车经营情况。到站前5 min，进行终到站前通告。保证动车组列车的安全、正常运行；落实终到卫生质量标准；确保票款相符。

2）终到后

列车到站后，向旅客道别，协助重点旅客下车。旅客下车完毕，迅速巡视车厢，检查有无旅客遗失物品等，发现问题及时处理。列车长在餐吧车位置与车站客运值班员办理重点旅客、遗失物品等业务交接，做到言行规范、动作迅速、检查仔细，发现问题，按规章处理，交接清楚，手续完备。

3）退乘阶段

旅客下车后，检查卫生间内外、洗脸间上下、通过台前后、电茶炉周围、端门玻璃卫生。检查列车到站折返保洁作业质量，对车内地面清扫的洁净度，门边、列车外皮擦拭的卫生质量进行重点检查。对保洁验收中检查出的问题，要求保洁人员当场弥补，达到要求后方可签认合格，对质量差、问题重复发生，或保洁人员不听指挥，不及时整改问题的，签注不合格。通知司机关闭车门。做到保洁情况清楚，鉴定结果准确。

列车长召开退乘会，根据乘务任务完成情况总结乘务员在服务、卫生及联劳协作方面存在的共性和个性问题，填写《乘务日志》。退乘时，列车长带队在前，乘警在后方护送，走固定线路，统一列队退乘。做到讲评全面，记录翔实。按规定对乘务人员、餐饮服务人员、保洁人员进行考核。向派班室报告本趟工作情况，按规定交接票务、设备。做到设备状况、数量交接清楚，手续完备。

2. 乘务员

1）终到前

终到站前 5 min 进行广播宣传，提醒旅客做好下车准备。巡视车厢，唤醒休息的旅客。检查、督促保洁人员全面恢复车厢卫生。协助重点旅客乘降。按照规定位置出场，列车进站面带微笑行注目礼。做到按时播报，内容准确，使用普通话，音量适宜。对重点旅客需求做到心中有数。

2）终到后

列车到站后，向旅客道别。做到言行规范，主动热情。提醒旅客携带好随身物品。

（1）主动搀扶老人和病、残等行动不便的旅客下车，并与车站做好交接工作。

（2）送客时对行李较多的旅客应提供适当的帮助，当其堵住车厢通道时，主动迎上前帮助旅客提拿行李。

（3）帮助带儿童的旅客。

到站后，车门立岗的乘务员应以饱满的热情、整洁的形象、标准的姿势，以及亲切的态度和话语，有礼貌地向旅客道别。使用"请慢走！""感谢你乘坐本次列车！""欢迎下次乘车！""下次再见！"等礼貌用语。

按照车厢分工，从上到下，按照行李架、窗台、座位、书报袋、座席下、盥洗室、卫生间的顺序迅速检查有无旅客遗失的物品。发现问题及时通知列车长。

3）退乘阶段

旅客下车后，整理服务备品，办理交接。做到交接清楚，手续完备。

2.4　高速铁路动车组专项接待服务

高速铁路动车组专项接待服务主要指接待机关首长、外国领导人、涉外访问团，以及其他团体（如人大代表、政协委员调研，劳模等社会各界人士参观、访问等）的接待服务工作。

2.4.1　服务用品准备

1. 服务备品

小推车、专用小桌、小桌罩、头枕、头枕片、渡板、靠腰垫、坐垫、安全链、软隔断帘、毛毯、雨伞。

2. 服务用具

杯垫、瓷杯（大、小）、水晶杯、水壶、密封罐、吸管、花瓶及鲜花、托盘及防滑垫、白毛巾、清洁毛巾、瓷毛巾托、普通毛巾托、湿纸巾、白手套、果皮盘、卫生间用品（卷纸、抽纸、香皂、洗手液、护手霜、梳子、香水、芳香盒、马桶垫）。

3. 辅助物品

小剪刀、水果刀、保鲜膜、小垃圾箱。

4. 食品、饮品

1）水果采买要求。

自采买必须明确责任，所有食品采买、管理由专人负责，做到24 h不离人看护，所有食品、饮品必须留样、品尝，封存的食品、饮品由客运段保卫科负责保管。

2）水果消毒要求

由担当部门对水果进行清洗消毒，分类装入整理箱，派专人进行保管。

3）水果运输要求

任务当日由专人护送至任务车厢。

4）水果种类

原则上选用带皮的、便于食用的水果，如香蕉等。

5）干果

核桃仁、腰果、黑瓜子、白瓜子等，尽量选择独立包装并协调搭配。

6）饮品

鲜榨水果原汁、无糖酸奶、咖啡、小瓶矿泉水等。

7）茶叶

品质较好的小包装茶叶。

5. 服务用品安全保障

1）食品、用具采购要求

所有食品、用具的采购必须选择正规的供货渠道，各种用品必须是名优产品，包装上生产日期、有效期、生产厂家标注齐全，符合规定，由商家提供正规发票备查。

2）食品、饮品保管要求

由专人负责保管，全过程进行看护，所有入口食品、饮品必须逐样品尝，所有食品、饮品留样封存并由客运段保卫科负责管理。接待任务开始前要对水果进行清洗，所有食品分类装入器皿，摆放适量，用保鲜膜密封。

3）器皿、用具消毒要求

所有器皿、用具必须严格按照消毒标准进行清理消毒，消毒后分类存放并指派专人看管。

4）食品包装运输要求

（1）根据任务车次、时间，提前3~4h指定专人对所需食品进行分装。

（2）所有食品包装后分类放置于整理箱，逐项清点、专人看管。

（3）提前一个车次将所需食品安排专人运送到任务车上，由专人负责运输过程中的安全工作。

5）服务物品的储备要求

（1）由材料车间负责按规定数量配置。

（2）遇有服务任务由车队进行请领。

（3）若服务任务集中，须保证一定的物品储备率，统一放置在专用备品库房，由专人保管。

（4）服务用房的管理和日常服务物品的保管由车队负责。

2.4.2 服务人员要求

1. 发型标准

干净无头屑，发色为自然黑色，不得将头发染成彩色。

佩戴统一的头饰，佩戴位置统一，以正面看不到发卡为宜，不剪刘海，散发和碎发用摩丝、发蜡定型，做到美观、自然、整齐、利落。

2. 脸部标准

整体妆容淡雅，自然大方，不得佩戴任何饰物，要体现职业风范。

3. 手部标准

保持手部清洁，洗手后，使用护手霜保持手部润滑。指甲的长度不宜过长、过短，各手指指甲长度应保持一致，指甲缝洁净，女性可使用透明色指甲油。佩戴走时准确的手表，手表款式应简洁。

4. 制服标准

执行专项服务任务前，制服必须清洗、熨烫，整体着装保持干净、整洁、无污渍，熨烫平整、无皱褶、穿着合体，扣子全部扣好。丝巾熨烫平整，统一佩戴。

5. 标志标准

职务标志应佩戴于左胸上方，与上衣第二颗纽扣平行。佩戴臂章时，臂章上缘在左袖肩下四指处。列车长臂章应用别针端正地固定在规定位置,不可用松紧带套于臂上。保持标志洁净。

6. 丝袜标准

女性夏天统一穿着肉色连裤丝袜,穿着丝袜时应绷紧拉好,无跳丝和松弛,如有损坏应及时更换,随身携带一双备用丝袜。

7. 皮鞋标准

皮鞋应光亮,无污渍,无尘土,保持洁净。应穿着统一款式的皮鞋,不得有任何装饰物。

8. 电台标准

出乘时保证电台电量充足,客运乘务人员内部联络统一使用 3 频道。电台统一佩戴在马甲腰间右侧位置。耳机统一挂在右耳,耳麦夹于马甲第一个纽扣位置,耳麦连接线置于马甲里面不外露。使用电台联络时,采用规范用语,不得谈与工作无关的事。

2.4.3 服务卫生准备要求

1. 车厢内卫生及定型标准

(1)对任务车行李架、车内玻璃、窗台、小桌板、座椅扶手、座位脚踏、车厢自动门板和玻璃进行彻底清擦。

(2)对车厢地面进行全面清理,确保无杂物。

(3)对座位的头靠枕套进行更换,确保无碎发。头靠枕统一与座席上边缘平齐,更换头枕片,将颜色调整一致。

(4)彻底清理座椅靠背网袋的内部并按顺序依次摆放清洁袋、服务指南、杂志(及时更新并逐本检查)。

(5)用微型吸尘器对车厢座席上下进行清理,确保无碎屑和微尘。

(6)将遮光帘逐个拉下,检查清洁程度后复位。

(7)检查车厢各部位电源盒,确保呈闭合状。

此外,还应对地面进行彻底清洁,对座椅缝隙进行清理,检查内置式小桌板和影视系统,确保屏幕光洁、无污渍。

2. 卫生间卫生及定型标准

(1)墙壁全面清擦,镜面洁净、光亮。

(2)台面手盆洁净、干燥,不锈钢龙头和不锈钢纸架清擦干净。

(3)清擦马桶盖正反两面,彻底擦净马桶内沿至下水口,清擦马桶外沿至地面连接处,确保无污渍、水渍。

(4)地面彻底清擦至无污渍和水渍,确保墙壁至地面连接处洁净,不得有纸屑及头发。

(5)确保卫生间内外门板洁净,门与地面连接的不锈钢条洁净、见亮。

(6)定型:卷纸边折成三角露在外面,内置垃圾箱套袋(不准外露),外置垃圾箱放置在右侧墙壁处,一次性棉制便圈套置于马桶上,做到一次一换,芳香盒放于适当位置。

（7）保持卫生间空气循环，喷洒空气清新剂，做到无异味，并用三色专用抹布进行消毒后锁闭。

3. 电茶炉卫生标准

（1）水龙头洁净、光亮。
（2）内侧墙壁无水渍。
（3）不锈钢漏网干净、无杂物。
（4）周围地面保持干燥、无污渍。

4. 列车外皮卫生标准

（1）动车组外皮、门框、内外玻璃洁净、明亮。
（2）站台补偿器无杂物，表面洁净、干燥。

2.4.4 列车长接待重要客人的程序和标准

1. 对不同级别、不同部门重要客人的接待程序

（1）重要客人（以下简称客人）乘车前，列车长首先要了解客人乘车的区间及乘坐位置，亲自指挥、安排、检查列车所有准备工作，尤其对客人乘坐区域的设施设备、卫生、安全、服务备品等情况要做全面彻底检查，确保设备良好、卫生质量达标和客人乘车安全。

（2）客人乘车前，列车长要了解乘车客人的级别，第一时间向客人的随行秘书了解客人的需求，按照相应的接待程序和计划进行督促落实。

（3）遇有计划内的重要客人乘车，列车长应及时与车队联系相关事宜并将接待工作的计划和程序向车队做详细汇报，听取车队干部的指导意见。遇计划外重要客人乘车，按客人级别，实施相应的接待程序并及时向上级领导进行汇报。

（4）对兄弟铁路局客运系统客人（段长以上级别）乘车或检查，列车长要亲自做好接待，并致问候，汇报工作，征求意见。

（5）对客运系统以外路内客人乘车（如稽查处、财务处、卫生处等），列车长要有礼节地做好接待。汇报工作要简明扼要，按乘车客人分管的内容，汇报相关的列车工作，征求意见。

（6）客人上车后，列车长指挥乘务员按程序做好接待工作。

①列车长第一时间向客人的随行秘书了解客人需求，确定是否用茶、水或其他饮用品。

②开车后，乘务员为客人上热毛巾，双手递送毛巾及托。顺序为先主要客人，后随行人员，并视情况收回毛巾。

③列车长负责给客人上茶，将准备好的茶水加至七成满，上茶水时，可同步撤毛巾，衔接要紧凑。

④运行中适时添水，适时清理桌面杂物。

⑤如客人中途需使用卫生间，乘务员要注意及时引导方向，提示相关安全注意事项，主动打开卫生间门，并在客人出卫生间后递上热毛巾（湿巾）。

⑥途中立岗于车门处，并关注客人需求，尽量减少打扰客人的次数，做好相应服务。列车长随时做好服务安排。

⑦根据客人乘车时间和区间了解客人是否需要在列车上用餐。如需在列车上用餐，列车长要及时征求客人或陪同人员的意见，询问相关细节（如用餐时间、用餐地点、民族习惯等），了解情况后及时做好准备，如客人要到餐吧车用餐，列车长亲自检查、督促、落实餐吧车接待客人的程序和各项准备工作，检查餐吧前厅各部位的卫生情况、备品情况（如桌布、靠背纱的洁净度）和摆台规格（摆台是否标准、小方巾、牙签、餐巾纸、湿纸巾、餐具、餐后水果是否准备齐全）。如客人要在座位处用餐，要求餐饮服务人员提前加热饭菜，准备配菜、餐具、湿纸巾、餐后水果等。

2. 在站台上迎接客人时的程序、标准

（1）列车长站在规定位置，一般在客人所乘坐车厢门口处面带微笑站立等候，1号乘务人员与列车长并排站立，面带微笑规范立岗。

（2）客人走近时，列车长主动迎上前，鞠躬问好致欢迎词"您好，我是××次列车长××，欢迎您莅临指导工作，请您上车"（要有斜臂式手势），引领客人从乘务员立岗车门处上车。乘务员鞠躬问好，并致欢迎词："您好，欢迎您乘车。"

（3）列车长引领客人上车，并向客人声明，如"我为您引路"，列车长走在客人前方约1步距离将客人引领到座位后，请客人入座，将主要客人安排在运行方向左侧临窗位置乘坐，采用斜臂式手势，并向客人说："请您休息，稍后为您送水。"随后安排其他随行人员。

（4）2号乘务员在风挡处立岗，协助随行人员安排行李，核实行李件数。

3. 去车站候车室迎接客人时的程序、标准

（1）列车长接到通知，需到候车室去迎接客人时，要对自身的着装及仪容仪表进行迅速整理，要做到：服装干净、整洁，鞋子无灰尘，保持良好的精神面貌。

（2）进入车站候车室，距客人3~4 m时，步伐轻快一些，面带微笑面向主要客人鞠躬问好、握手，向陪同客人做相应环视，致问候语："您好，欢迎您！您请。"

（3）在站台上，引领客人上车时，要用直臂式手势，保持动作规范、平稳、利落，走在客人左前方，距客人一步之远，注意调整速度，保持距离，通过站台时，要走在靠车底一侧为客人引路。

（4）客人到车门口时，列车长亲自引领、安排客人上车，并引至指定座位处就座，使用规范用语："您请坐，请您稍候，马上为您上茶。"

4. 在列车上迎接客人时的程序、标准

（1）途中在列车上迎接客人时，列车长要面带微笑、主动迎上，点头示意。

（2）使用问候语"您好！欢迎乘车，请您到××就座"，在客人前方引路，步速适中，与客人保持1 m距离，并使用辅助用语"列车速度较快，请您注意安全，您这边请"。

（3）客人就座后，使用用语："请您稍作休息，马上为您上茶水。"

5. 客人到机车添乘时的接待程序、标准

（1）提前与车站联系，了解客人乘车目的，如需到机车添乘，及时与司机联络。

（2）将客人引领至司机室后，请示客人有什么指示和要求，用语为"请您稍做休息，马上为您上茶水，我就在司机室外等候，随时为您提供服务"。

①安排客人车内就座时，一般安排在列车运行方向左侧靠窗位置（运行左侧不会有错

车时的噪声)。

②请示随从客人用茶水还是白开水。

③遇计划内的重要客人乘车,在接到车队通知后,班组应准备干、鲜果,一般不超过两种。

④水果放在密封盒内、放好牙签再送上,使用敬语:"请您品尝。"

6. 向客人汇报工作时的程序、标准

(1) 在客人上车就座送茶后,列车长应递送乘务员名单,按照规定,向主要客人递交乘务报告,向随行秘书递交乘务员名单,递交乘务报告或乘务员名单时,应注意字体正面朝向客人,双手递上,并使用接待用语"这是我们的乘务报告(乘务员名单),请您过目"。

(2) 请示汇报时,列车长应站在主要客人的右前方,面向客人,音量适中,上身微前倾,面带微笑,用语:"您好!您方便的时候,向您汇报一下近期的工作情况"或"首长好,现在汇报工作方便吗?"

(3) 经客人允许后方可坐下。汇报工作时,列车长应面向主要客人就座,并要环视其他客人,保持规范坐姿(坐在座椅的 2/3 处),面带微笑,肢体语言不能过大,音量适中,语速不宜过快。

(4) 汇报内容要围绕阶段性中心工作,简明扼要,层次清楚,重点突出,汇报时间不超过 10 min。

7. 途中请客人用餐时的程序、标准

(1) 列车长请客人用餐前,首先与陪同客人确定用餐规格、用餐时间、用餐位置,确定后通知餐饮服务人员。

(2) 客人在座位处用餐时,列车长要亲自查看准备工作,提前指定一名到两名乘务人员负责为客人上餐,其他人员做好辅助工作。

(3) 客人到餐吧车用餐时,要检查前厅摆台情况及各部位卫生,确定客人座次,按预先确定的时间请客人用餐。

(4) 按规定列车长要亲自陪同客人用餐,如段或车队添乘干部亲自陪同,列车长应在餐吧车端门处迎候引领,并要亲自安排客人座次(主要客人就座于运行方向左侧靠窗正位处)。如列车长亲自陪同客人用餐,提前指派一名餐饮服务人员在餐吧车端门处迎候引领,列车长辅助安排客人座次。

(5) 安排客人入座后,由餐饮服务人员请示为客人打开餐盒外包装,并将撕下的外包装及时清理,餐具、湿纸巾一并上齐。客人用餐时,不要频繁问候以免干扰客人用餐,使客人产生反感。

(6) 客人用餐完毕,由列车长问候客人,"您用好了吗?是否需要添加?"引领客人回车厢,主要乘务人员要站在端门处迎候。

①客人用餐完毕后,餐饮服务人员或主要乘务人员为客人上餐后水果或茶水。

②客人车内休息时,要减少干扰。列车长亲自检查客人就座车厢卫生间的整体卫生质量(卫生间、洗脸间要干净、无任何异味,地面要保持干净、无积水,并指派乘务人员专人盯控)。

8. 终到站送别客人时的程序、标准

(1) 在距到达客人下车站 5 min 前,列车长视情况请示随行人员后应提前到客人就座车

厢与客人道别,请示工作,并作提示。

(2)列车长向客人致道别语,"您好,××站就要到了,非常感谢您对我们工作的指导和帮助,请您对我们的工作给予指导。稍后到站我恭送您下车"。

(3)列车长将到站时列车开门的方向告知随行人员,2号乘务员协助随行人员整理大件行李,做好下车的准备。

(4)列车长陪同客人下车到站台,要向主要客人致送别语并握手,向其他客人逐一握手告别,送别语:"欢迎您再来。"列车长面带微笑行注目礼送别客人直至走远。1号乘务员面带微笑站车门规定位置处送别客人。

(5)客人下车后,2号乘务员迅速进入车厢检查是否有客人遗失的物品,如发现客人遗失的物品,应及时与列车长联系并上交。

2.4.5 乘务员接待重要客人的程序和标准

1. 车门口迎接客人时的程序、标准

(1)1号乘务员应做到:挺胸收腹、面带微笑、平视前方,按规定姿势站立,客人走到车门口时,使用横摆式手势,请客人上车,使用问候语"您好,欢迎您"。乘务员在车门口处迎接客人如图2-13所示。

图2-13 乘务员在车门口处迎接客人

(2)2号乘务员应做到:面对车门,避开通道,站姿规范,迎候客人,问候:"您好,欢迎您,请随我来(您这边请)",侧身站立,请客人落座,如列车长引领时,站在原位问候:"您好,欢迎您"。

2. 为客人送水时的程序、标准

(1)为客人送水工作要提前做好准备,如准备热毛巾或湿巾、茶叶等。

(2)客人就座后,1号乘务员为客人上热毛巾,双手递送毛巾及托。顺序为先主要客人,后随行人员,并视情况回收毛巾。随后将准备好的茶杯加水至七成满,上茶水时,同步撤毛巾,衔接要紧凑。

(3) 按照列车长的安排，如果需要给客人送水果时，必须先送上小毛巾让客人净手。通常情况下，客人上车前水果已提前摆好，要用敬语"请您品尝"。

(4) 乘务员要注意礼节礼貌，服务时音量适中，面带微笑，服务完毕及时离开，不得干扰客人休息，要充分体现高速铁路乘务人员良好的综合素质。

(5) 在适当的时间，给客人添水，用语为"您好，为您添水"。

①乘务员应在客人休息时盯控卫生间及洗脸间的卫生保持情况。

②洗脸间镜面擦拭明亮，台面、脸盆无污迹、无水渍。消耗品准备充足，缺少时及时进行补充。

③客人休息时要根据情况做好深度服务，放下窗帘，调整广播音量，调整车内温度，为客人提供毛毯，两边端门关闭好，保持车内的安静，用语为："您好，您觉得车内温度适宜吗？""您需要毛毯吗？"

3. 终到立岗时的程序、标准

(1) 列车距到达终点站 5 min 前，1号乘务员提示客人做好下车准备，辅助用语"各位客人终点站就要到了，需要我帮您整理一下吗？稍候我们在车门口恭送您下车"。

(2) 客人下车时，1号乘务员在规定车门处立岗出场，要提示每位客人，如："请拿好您的随身行李，欢迎再来"，并按规范姿势立岗。2号乘务员协助随行人员将大件行李提前整理到位。

①客人起身时，1号乘务员及时进行下车方向的引领；如列车长引领时，1号乘务员应提前到车门口处准备出场。

②2号乘务员协助拿取行李时应站在客人身后方，列车停稳后，先请客人下车，随后将行李拿至车下。

4. 车厢内乘务员接待程序和规范标准

(1) 车内迎接客人：要做到面带微笑，立岗姿势端正，目光有神，站在所负责车厢风挡处迎候，用语为"各位客人好，欢迎指导工作"。

(2) 遇有客人在车厢上车时，要做好接待。如："您好，欢迎莅临指导工作，请您稍候，我马上通知列车长"。

(3) 遇有客人在车内检查工作时，在接到列车长通知的情况下，要站在列车风挡处迎接客人。做到站立姿势规范，需汇报工作时要面带微笑，表情自然，如："您好，欢迎您指导工作。我是×号车厢乘务员××，我向您做一下汇报"。如果客人听汇报，只做 1 min 小汇报，时间不宜过长（根据线路情况并结合当前重点任务及班组工作进行汇报），如果客人不听汇报，要引导客人到下一个乘务人员所负责的车厢，用语为"您慢走，我在这里迎候您"。当客人回就座车厢时，用语为"请您慢走"。

(4) 客人突然出现在车厢时，不得大声问候，应轻声打招呼："您好，欢迎您"，并点头示意，自然为客人引路。

①在车内与客人相遇时，不要直呼客人职务，以微笑代替，或问候"您好"。

②在车内与客人相遇时，为客人引路不得与旅客抢路，需要旅客配合让路时，要礼貌示意。

【实训】

高速铁路动车组列车乘务工作流程与标准实训

【实训目标】

(1) 能够掌握动车组始发作业、途中作业,以及终到作业的标准及流程。
(2) 能够掌握高速铁路动车组专项接待服务的要求。
(3) 培养初步的自主学习能力。

【实训内容与要求】

第一步:由教师介绍实训的目的、方式、要求,调动学生实训的积极性。

第二步:对学生进行分组、确定各小组的组长和人员分工,制订小组实训计划(了解团队要做什么,要达到什么目的)。

第三步:教师介绍高速铁路动车组列车乘务工作流程及标准的相关知识和案例并布置讨论的问题。

第四步:各小组对老师布置的问题进行讨论,并记录小组成员的发言。

第五步:根据小组讨论记录撰写讨论小结。

第六步:各小组相互评议,教师点评、总结。

【实训成果与检测】

(1) 成果要求:

①提交案例讨论记录:3~5名学生一组,设小组长1人、记录员1人,每小组必须有小组讨论、工作分工的详细记录,以作为考核成绩的依据。

②能够在规定的时间内完成相关的讨论,撰写实训小结。

(2) 评价标准:

①上课时积极与老师配合,积极思考、发言。

②认真阅读案例、积极参加小组讨论、分析问题思路较宽。能结合所学知识解答问题。

③富有团队合作精神,积极参与小组活动。

项目 3

列车移动补票机与站车无线交互系统

【知识目标】

- 掌握列车移动补票机的操作知识；
- 掌握站车无线交互系统应用手持终端设备的操作知识；
- 了解客运记录、铁路电报的含义。

【技能目标】

- 能够掌握列车移动补票机的操作技能；
- 能够掌握站车无线交互系统应用手持终端设备的操作技能；
- 能够根据客运记录的编制原则来完成相关工作；
- 能够根据实际需要拍发铁路电报。

【学习重点及难点】

• 学习重点：列车移动补票机操作的准备工作、站车无线交互系统应用手持终端设备的准备工作、客运记录和铁路电报的含义。

• 学习难点：列车移动补票机的操作办法、站车无线交互系统应用手持终端设备的使用、客运记录的编制、铁路电报的拍发。

【本章知识结构图】

客运记录
- 客运记录的含义
- 编写客运记录应当遵循的原则
- 编写客运记录的注意事项
- 旅客列车编制客运记录的范围
- 客运记录编制方法

列车移动补票机的操作及管理
- 准备工作
- 移动补票机启动
- 补票操作
- 列车移动补票机管理

铁路电报
- 铁路电报的含义
- 铁路电报分级
- 列车电报拍发权限
- 列车电报拍发范围
- 列车电报的交接
- 客运业务电报拟稿要求
- 电报的主要内容
- 抄送范围

站车无线交互系统应用手持终端设备
- 准备作业
- 操作流程
- 站车交互常见问题

列车移动补票机与站车无线交互系统

> 思政课堂

站车无线交互系统带来铁路客运服务工作方式的改变

铁路的高速发展不仅给人们的出行方式带来了冲击和变化,其创新理念也打破了几十年来的铁路传统管理模式,带来一系列运输生产劳动组织方式的变化。

随着科技的发展,互联网技术已不断完善,互联网正从传统的网络逐渐向移动互联网发展。而移动终端设备的日益更新,推动着硬件性能的飞速提升,移动应用更像雨后春笋般地疯狂涌现,各种功能强大的移动应用软件给人们的日常生活带来了便捷,同时各类移动办公软件也给工作的组织效率带来提升,使人们的工作逐渐从传统模式向新型的互联网模式发生转变。

站车无线交互系统正是由此而生的时代产物。列车服务也由以往人工作业为主、纸质传输信息的时代逐渐向新型的机器取代人工作业的信息化、智能化、规范化的时代转变。

生产力决定生产关系,科学技术是第一生产力,站车无线交互系统的应用佐证了这一科学理论,科技变革带来铁路运作方式的变革,随着新一轮科技革命的到来,铁路将朝着高速、智能的方向迈进。

3.1 列车移动补票机的操作及管理

列车移动补票机是旅客列车上配备的主要补票设备,用于处理各种车上的票务工作。

3.1.1 准备工作

列车移动补票机如图 3-1 所示。

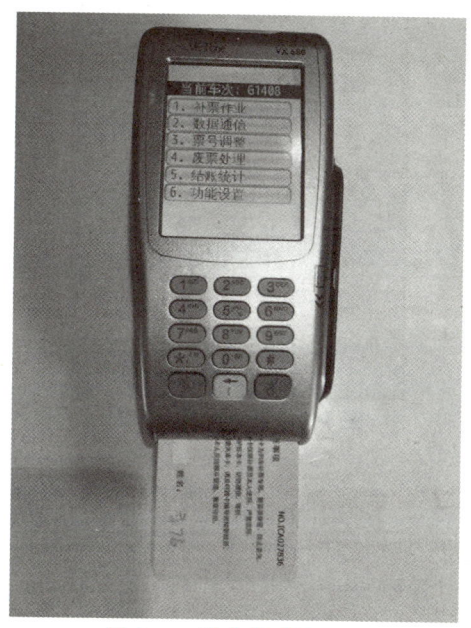

图 3-1 列车移动补票机

使用列车移动补票机前,应做好下列准备工作:车次下载;取上岗卡;电池充电;装好纸卷;插备份卡。

3.1.2 移动补票机启动

1. 启动及身份认证

长按列车移动补票机电源开关键,启动移动补票机。将上岗卡含芯片面朝上插入卡槽,插入到卡长一半位置,听到"咔嗒"声即到位。按任意键继续,输入工号。如果工号输入不正确,则机器提示重新输入。如果工号输入正确,输入密码,按确认键确认。若密码正确,则显示用户身份信息。

按确认键后,屏幕右上角显示的是段名称和补票机程序版本号,最下面一行显示的是日期、时间及存根的数目。

注意:如工号、密码输入正确而无法开机,可重新插卡开机。若在售票过程中更换操作员,则新操作员必须将自己的上岗卡插入卡槽重新开机认证。

2. 系统主菜单

当显示系统主菜单界面（见图3-2）时，按选项前数字对应的数字键选择各项功能，或按"确认"键执行缺省功能项"补票作业"。

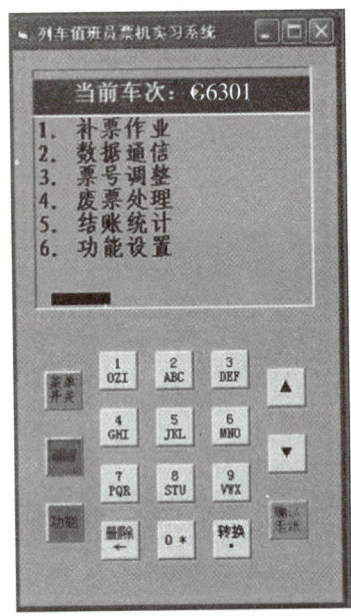

图3-2 系统主菜单界面

提示：补票操作中选择某一功能项时，只需按下此功能项前数字对应的数字键即可，无需按"确认"键；当输入数字或字母时，需按"确认"键来确认，输入有误时，按"←"键删除光标所在位置的前一个字符。

3.1.3 补票操作

1. 设置票号及出乘日期

进入补票操作界面后，选择车次，设置票号及出乘日期。

按"确认"键继续，显示车次信息。选择车次，进入下一步，显示当前出乘日期。

出乘日期为当前车次从始发站发车时的日期，中途不用修改，由8位数字组成，比如2021年8月28日显示为20210828。月和日都是两位数字，不足用0补齐。按"F1"键后可输入新的出乘日。按"确认"键继续，屏幕显示补票类型。

票号格式：第一位为字母，后六位为数字，如A000001。字母输入办法：先按字母所在的数字键，然后按一下"*"键为该键的第一个字母，按两下"*"为该键的第二个字母，按三下"*"为该键的第三个字母。

注意：系统显示的当前票号应与实际将要打印的票号一致，这是正确使用列车移动补票机的基础，当前票号将打印到票面的条码中。每安装一个新的票卷，只允许为第一张票输票号，剩余的票，系统将自动往后"跳"票号，不允许人工输入。若中途发现票号不一致，须由地面管理人员修改。

2. 补票类型

系统将列车上的补票情况分为 10 种类型：正常票；变更座席；越站；越站变席；减价不符；越席；空调加快；非本车票；公免签证；快捷制票。选对类型，才能进行正确的补票操作。

1）正常票

正常票：乘客上车前来不及买票直接上车补票。该补票类别包括的事由有：客（特快卧）、丢失原票、无票加罚、孩免单卧。价格分为全价、半价（残、学、孩）。

2）变更座席

变更座席：旅客持有本车次车票，进行低档次座别变更为高档次座别的操作。该补票类别包括的常用补票事由有：补卧、变座、变卧、变铺、变座变卧、变座补卧等。价格可分为全价、半价（残、学、孩）。

3）越站

越站：旅客希望延长旅行区间。

4）越站变席

越站变席：旅客希望延长旅行区间并变更座席。该补票类别包括的补票事由有：越站补卧、越站变座变卧、越站变座补卧。

5）减价不符

减价不符：对持优惠票不符合减价条件的乘客补售车票。该补票类别包括的补票事由有：超高、减价不符、补差。

6）越席

越席：旅客现占用的座席与票面显示的座席不符。

7）空调加快

空调加快：单补起始站到终到站的空调、加快客票。

8）非本车票

非本车票：旅客持有的有效客票不能完全顶替所乘列车客票时补收的差价。

9）公免签证

公免签证：有恰当事由的铁路工作人员持有效证件免费乘车。

10）快捷制票

快捷制票：用快捷键打印车票。具体使用方法见后面的详细介绍。

注意：对于有原票的情况，根据有关规定，同时考虑到财务的安全性，不收回原票，补票随原票同时使用。

3. 补票操作

1）补正常票

选择"正常票"后，进入补正常票界面。

（1）选择起始站。选择补票的起始站，当屏幕不能完全显示所有站名时，站名分屏显示，可以使用下列功能键帮助选择："▲"键为向上翻页；"▼"键为向下翻页。选择补票的起始站后，进入下一步。

（2）选择终到站。选择补票的终到站后，进入下一步。

（3）选择补票事由。选定补票事由项后，进入下一步。

（4）选择票种。选定票种项后，进入下一步。

（5）选择座位。选定座位项后，进入下一步。

（6）输入车票数目（需补票的数目）。

注意：如果想将本车票存为快捷车票，可按左下角的"﹡"键将其保存。此车票信息即可显示在"补票类型快捷制票"选项中。按"确认"键可将该票暂存。

（7）输入车厢号和席位号。跟随光标输入具体的车厢号和座位号。如果是无座票，直接按"确认"键。如果是加车，输入"J+车厢号"（输入 J 的方法是按 5 再按"﹡"键）；如果是乘务员宿营车，输入"00"。其他情况，输入正常的数字。

（8）显示车票信息。乘务员应仔细核对屏幕显示的信息是否正确。若车票信息正确，按"确认"键或"F2"键打印车票。若车票信息不正确，按"取消"键取消。

（9）经检查，车票信息正确，打印后，输入实收款。按"确认"键后显示找零信息。

注意：输入实收款数目的时候需要最后多输入一个零。此功能只提供一个计算找零功能，打印客票的时候费用已经保存在机器里，因此该步骤也可以直接按"确认"键跳过。

2）变更座席

选择"变更座席"后，进入补变更座席票界面。

（1）选择起始站（旅客变更席别的起始站，不一定是旅客原票的始发站），具体操作与补正常票的操作相同。

（2）选择终到站、选择票种，具体操作与补正常票的操作相同。

（3）选择原座席及欲变更为的席别（必须比原座席票价高）。

（4）输入车票数目、车厢号、座席号及原票号。

（5）打印车票。

（6）输入实收款。

提示：在本系统中，考虑到对车票信息的不同需求，在某些输入过程中，可以根据实际情况来选择是否输入。例如，在上述变更座席的步骤中，可以选择是否输入车厢号、席位号及原票号。如果不需要输入，直接按确认键跳过即可。原票号的输入方法与票号的修改方法相同。

3）越站

越站票指补席别不变（原来二等座现在仍为二等座，原来一等卧中铺现在仍为一等卧中铺）的越站车票，补票时，现起始站为原票终到站，现终到站为旅客要到的最终到站。

选择"越站"后，进入补越站票界面。

（1）选择原票起始站。

（2）选择现起始站。

（3）选择现终到站、票种（全价、残、学、孩）。

（4）选择座别（商务座、一等座、二等座、一等卧、二等卧）。

（5）输入车票数目。

（6）输入车厢号和席位号。

(7) 打印车票。

(8) 输入实收款。

最后屏幕显示车票的详细信息，乘务员应核对显示的信息是否正确。若车票信息正确，按"确认"键打印车票，否则按"取消"键取消。

4) 越站变席

越站变席票指席别变更的越站乘车票，补票时，现起始站为原票终到站，现终到站为旅客要到的最终到站。

选择"越站变席"后，进入补越站变席票界面。

(1) 选择原票起始站。

(2) 选择原票终到站。

(3) 选择现起始站。

(4) 选择现终到站。

(5) 选择票种（全价、残、学、孩）。

(6) 选择原票座别（商务座、一等座、二等座、一等卧、二等卧）。

(7) 选择欲变更为的席别。

(8) 输入车票数目、输入车厢号和席位号。

(9) 打印车票。

(10) 输入实收款。

5) 减价不符

选择"减价不符"后，进入补减价不符票界面。

(1) 选择起始站。

(2) 选择终到站。

(3) 选择原票种。

(4) 选择座席类别。

(5) 输入车票数目。

(6) 输入车厢号和席位号。

(7) 打印车票。

(8) 输入实收款。

注意：当儿童身高不足 1.2 m 时，随成人乘车，无须另行买票；若超过 1.5 m 持半价票时，在加价票选项中做超高处理；超过 1.5 m 无票时，直接在正常票中补成人全价票即可。

6) 越席

选择"越席"后，进入补越席票界面。

(1) 选择起始站。

(2) 选择终到站。

(3) 选择票种（全价、残、学、孩）。

(4) 选择原车票的座席。

(5) 选择旅客现占用座席。

(6) 输入车票数目。

（7）输入车厢号和席位号。
（8）打印车票。
（9）输入实收款。

7）非本车票

选择"非本车票"后，进入补非本车票界面。

（1）选择起始站。
（2）选择终到站。
（3）选择票种（全价、残、学、孩）。
（4）选择现座类别。
（5）输入原票价。
（6）选择是否加罚。
（7）输入车票数目。
（8）输入车厢号和席位号。
（9）打印车票。
（10）输入实收款。

8）快捷制票

选择"快捷制票"后，进入快捷制票界面。

（1）选择需要打印的具体车票。以前所保存的所有快捷车票都将会显示在列表中。按"F2"键清除所有的快捷键。
（2）输入车票数目。
（3）输入车厢号和席位号。
（4）打印车票。
（5）输入实收款。

9）制票注意事项

（1）打印的票号要与票面出厂时已经印刷好的票号一致。
（2）售票时，当显示票面信息后，做到先唱票，再收钱，最后制票。
（3）当制出的车票票面有问题（如卡纸或票卷装反等）不能作为有效票据出售时，无论该票纸空白与否，均应该撕下带回作废，不要安装该票纸后继续打印，因为补票机已经将该票记录，票号自动加到下一张。
（4）若当前票卷只剩最后三张，则系统鸣笛并提示"纸卷剩×张，请注意更换纸卷"，打印完最后一张后，补票机屏蔽除"F2"键以外的其他键，正确换票卷后按"F2"可继续售票。
（5）与售票工作无关的人员禁止操作补票机。
（6）每次出乘前要查询、确认补票机内售票记录已被清空。

4. 补票机设置

补票机设置共包含9个子选项，如果字体太大，则分两页显示。

1）改出乘日

选"改出乘日"后，显示当前出乘日期。按"F1"键更改。

2）界面字体

选"界面字体"后，界面显示字体的大小选项。

3）补票字体

补票操作过程中显示字体的大小。选项跟界面字体一致。

4）锁定时间

更改无按键操作时补票机自动锁键盘的时间，按左右方向键来调整锁定时间，以 60 s 为单位，按"确认"键保存。

5）背光时间

按左右方向键来调整背光时间，以 20 s 为单位。

6）补票取消

选择退回事由模式。若在补票操作中按"取消"键，会直接退回到票类型选择界面。

7）退出登录

选择此项，则系统会退出登录，需要重新插卡进行身份认证才能补票。

3.1.4　列车移动补票机管理

1. 列车移动补票机的请领与使用

（1）列车移动补票机必须由正班列车长请领并建账登记，建账登记后交列车值班乘务员使用并保管。

（2）列车移动补票机属于精密、贵重仪器，是车内办理补票业务的专用设备，涉及收入票据、现金及账目管理，发生问题按违反财经纪律论处。在办理列车移动补票机的请领、交付、使用过程中要严格履行请领手续。非列车值班乘务员不得使用列车移动补票机补票，遇到乘务组值班乘务员不能值乘的情况，由列车长指定一名业务熟练的列车乘务员负责保管、使用。保管、使用过程中，值班乘务员与临时替班乘务员应办理交接、使用登记手续，不履行交接、使用登记手续，发生问题由列车长负责。

（3）列车移动补票机凭开机卡及密码使用，各乘务组值班乘务员的开机卡及密码，应妥善保管，不得转让或借与他人，在不办理补票业务的情况下，列车移动补票机应关机保管。

（4）使用列车移动补票机办理补票时，必须按规定程序进行操作，不得违规操作，对打印完整的车票，不得作废。凡违规操作或不按使用技术规定导致设备损坏的，将追究直接责任者的责任；对人为损坏造成故障并致使数据、账目丢失的，比照代用票处理。

（5）票据使用按字头、起号、止号顺序使用，列车移动补票机内票号应与票卷票号完全一致，不得跳号使用票据，发生重号使用票据时，必须凭重号的原票回段作废，无原票时所产生的票款差错，少交款部分由值班乘务员垫付。任何人不得擅自修改列车移动补票机原始信息。

（6）对打印不完整的车票（如字迹不全、票面不清、发到站错误、车次不正确等），一律凭原票回本单位作废。对于作废车票，值班乘务员应写出情况说明，并在"废票登记本"上如实登记，核对无误后随原票上交稽核部。

2. 列车移动补票机的管理与要求

（1）遇列车运行途中列车移动补票机发生故障应立即停止使用，并由列车长亲自向本单位收入管理部门汇报，经同意后使用代用票办理补票业务。列车移动补票机使用性能良好时不得使用代用票，使用代用票时必须由列车长与值班乘务员同时确认并破封使用，同时做好破封使用的记录。

（2）遇加开临客由本单位收入管理部门提供专用补票机补票。遇"五一""十一""春运"或其他特殊情况，根据需要经本单位收入管理部门同意后，配发、使用备用机。

（3）不得随意调整列车移动补票机的系统设置，对上级明确规定的须封闭的列车移动补票机查询功能，任何人不得擅自打开。

（4）本单位收入管理部门值班人员负责列车移动补票机的补票信息传输工作，无班组交款单时不得传输打印，交款单所记载的票款应与列车移动补票机补票记录的票款完全一致，如发生少交款时，由列车值班员补交。本单位收入管理部门值班人员传输信息时不得修改列车移动补票机的原始信息，如发生作废票，按正常操作程序按作废处理。

3. 列车移动补票机操作与保管

（1）值班乘务员必须经专业培训，熟练掌握列车移动补票机的操作方法后，方可使用列车移动补票机进行补票。

（2）补票时应先问明旅客补票内容，并按操作步骤进行补票。

（3）补票操作完毕后，对票面所记载的发站、到站、日期、车次、席别进行确认后方可打印车票。

（4）将车票交给旅客时要唱票、找零、递送，做到一票一清。打印后，车票未出或车票出来后票面不完整，按退出键退出，按作废上报，以确保列车移动补票机内票号与票卷票号顺序一致。

（5）回段后传输完毕的列车移动补票机应由本单位收入管理部门值班人员清空记录，由值班人员锁入票据柜保管。不得在补票机内存放票卷，不准将补票机带回家中或存放在其他地方。

（6）爱护补票机，并妥善保管，不得磕碰，做到机不离身。补票机的任何部件、配件不得拆卸，以确保性能良好。

4. 列车移动补票机常见问题及处理方法

（1）票面有黑方块或空白。这是因为字库文件中汉字不全或误操作将列车移动补票机中字库删除（重新下载字库即可）。

（2）售票时提示"票价率文件不存在"，下载对应的票价率文件即可。

（3）票面日期有误。补票机系统日期打印到票面，系统日期由纽扣电池驱动，会自动更新为正确的日期、时间，当系统日期或时间有误时，应由地面管理人员调整正确，方法如下：当补票机开机显示系统日期及时间时，按功能键"F1"，在出现的对话框中选"1—日期、时间"，进入后可修改系统日期、时间（默认密码为"000000"）。

（4）票面字迹太淡。列车移动补票机采用热敏打印机和热敏票纸打印，热敏票纸带粉色底纹面有一层化学物质，该物质遇热后变黑产生票面信息。长时间打印后，粉色底纹会脱落粘到打印头上（像水垢一样），使打印效果变差。解决的方法是用小刀刀背或手指甲轻轻地刮落打印头（打印头位置在票卷槽上部）上的附着物即可。

（5）列车移动补票机补票数据已删除，但又需重新下载补票明细。列车移动补票机售票后，每张票的信息记录两份，一份记录到补票机的闪存中，另一份备份到数据备份卡（电池下面的黄色IC卡）中。删除后闪存中数据不可恢复，但备份卡中数据可恢复后重新上传（该方法只能在下一次出乘之前进行，因为重新售票后备份卡中数据不可再恢复）。

（6）插卡开机时提示密码错误。用布沾酒精擦开机卡的芯片处后重试。

（7）其他。

①往列车移动补票机内装票卷时一定要认真仔细，防止跳号的发生。

②票据使用过程中，如需调整票号，机内票号一定要与实际票号相符。

③列车移动补票机出票时如发生突然断电，票据只打印了一半或未打印，应立即停止使用列车移动补票机，并报告列车长，请示列车长后启用代用票。

④列车终到后，先交款后结账。

⑤发生票据作废，认真填写票据作废登记本及乘务组的复核登记本。

3.2 站车无线交互系统应用手持终端设备

旅客列车站车无线交互系统应用手持终端设备，是旅客列车客运作业必备设备，通过使用该设备能够完成接收车站乘车人数通知单、调取实名制车票挂失数据，查询车厢席位使用情况，查验车票等工作。

站车无线交互系统应用手持终端设备如图 3-3 所示。

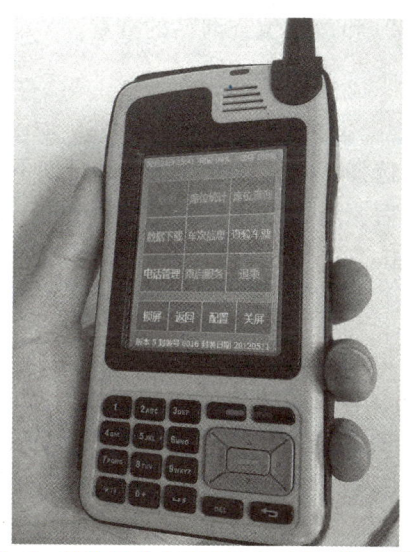

图 3-3　站车无线交互系统应用手持终端设备

3.2.1　准备作业

1. 主界面

1）程序

"程序"包括版本管理器（用于系统升级）、便笺、计算器、联系人、验票程序、站车系统 6 部分内容。

2）设置

"设置"包括电源、时间（修改日期时间）、写号器（在电话号码无法认出的情况下使用）、校准屏幕4部分内容。

3）网络

"网络"包括电话管理（查看电话开启状态）、网络配置管理器（用于网络测试）2部分内容。

2. 系统初始化

初次使用系统时，需要进行时间、日期的核对，以及相关网络配置调试，确保系统的正确运行，在系统主界面上点击"系统配置"按钮，进入系统配置界面。系统配置界面包括运行信息、网络配置、网络测试三个标签。点击网络测试标签，进入其界面。

在网络测试界面中，点击"初始化"按钮，在"连接"处输入框输入"KP＿GPRS"之后在"APN"处输入框输入"TDBKYZO"。点击"建立APN"按钮。出现创建成功提示框，表示系统初始化成功。

3.2.2 操作流程

1. 手持终端软件的基本操作流程

第一步：点击"程序"→"站车系统"→"登乘"。

第二步：进行"席位统计"和"席位查询"的查看。

第三步：到站后进行"退乘"操作。

2. 登乘界面

登乘界面屏幕中间有提示选择车次"始发日期"的日期下拉选择框和输入"始发车次"的文本输入框。选择始发日期后，点击始发车次文本输入框，系统会弹出车次输入界面。

输入车次并确定后，再点击"登录"按钮，弹出提示信息，点击"是"按钮后登乘成功。

3. 席位统计

登乘成功后，"登乘"按钮自动显示为红色，不可点击，其余动态功能按钮为绿色（可点击状态）。列车到站前5 min，客票系统生成通知单数据文件并传送到站车系统，操作人员可以点击"通知单"按钮，查看通知单。屏幕上以表格为主要方式显示了电子化的"乘车人数通知单"。通知单分为主表、附表两部分。

席位统计异常处理方法如下。

（1）点击"通知单"按钮查看通知单，却没有数据，这可能是由于查看时机不对。每个站的通知单数据是在到站前5 min从客票系统传送过来的，如果在到站前5 min以前查看，是不会有数据的。

（2）点击"日志查看"按钮，查看没有数据的原因。

①显示"No such file or dictionary"，这说明系统服务正常，信息发布服务器上没有数据文件。

②检查网络联通情况，若无线网络覆盖较差导致终端的无线信号不强，应将终端移至信号较好的环境中再尝试操作。

（3）点击"重启服务"按钮，将终端系统的后台服务进程及相关辅助进程重新启动。

其他注意事项如下。
（1）系统配置信息不可随意更改。
（2）GPRS拨号失败时检查电话状态与信号。
（3）手工下载数据与自动下载避免同时操作。
（4）数据下载较慢时操作需要耐心。

4. 席位查询

（1）点击"席位查询"按钮。"席位查询"功能项中支持列表显示车厢定员及实际各车厢内人数、可补数量、电子客票数量及特殊票种数量的统计信息；支持当前基准站选择过滤车厢内席位；初始化时，席位查询显示定员车厢信息，此时由于各停靠站席位信息尚未下载，信息为灰色。

（2）点击各车厢，只能显示定员席位信息。当停靠站席位信息下载成功后，相关车厢其他信息会相应更新。

（3）点击车厢（如6车厢）查看席位信息：蓝色表示可补席位；红色表示当前有人座位；灰色表明该座位为空，前方站预留。还可以通过选择"当前站"下拉菜单来变换当前基准站。

5. 数据下载

数据下载功能包括以下几个方面的内容。
（1）显示该次列车的停靠站及发点信息。
（2）按停靠站分别记录了包括通知单主表、附表和席位信息在内的相关业务信息的下载状态及下载时间。
（3）在系统自动下载失败或者列车晚点等其他异常情况下，提供了人工干预的手段，可以选择车站手工进行下载，点击"数据下载"按钮，进入数据下载界面。

数据下载功能项中增加"实名制车票挂失信息"数据的下载，并支持全部车站下载。这里"全部车站"是指可下载数据的所有停靠站。

6. 车次查询功能

车次查询功能包括以下几个方面的内容。
（1）显示该次列车的停靠站及发点信息。
（2）为终端系统按停靠站及发点自动下载相关业务数据提供了依据。
（3）在列车晚点或早点等情况下，提供了人工干预的手段，可以选择车站手工调整自动下载时间。

点击"车次查询"按钮，进入"车次查询"界面。屏幕显示分为三个区域：上方为固定提示信息显示区域，中间为以表格展示的停靠站信息区域，下边为功能按钮区域。其中停靠站信息区按停靠站显示了站序、站名、发点、到点、行车天数和可手工调整的晚点时间。

正晚点调整：先点击需要调整的车站，进入调整界面；点击"正晚点调整"，输入调整时间，保存。

7. 查验车票

查验车票功能为车上业务人员提供了便捷的验票手段，辅助相关人员在列车上进行日常验票作业。点击"查验车票"按钮,进入查验车票界面。

功能项中增加"实名制车票挂失信息"数据的查询功能,并支持按指定证件号码或车厢两种方式查询。

点击"挂失信息"按钮,出现挂失车票的相关信息。点击挂失信息列表中指定信息(如 3 车 40 号),显示此车票全部信息。

8. 退乘

当一次列车作业完成后,通过操作终端系统自动清理本次操作的相关数据,并与地面系统交互完成退出,释放相关资源,为下次业务开始做准备。退乘成功后将进入系统初始状态。

点击"退乘"按钮,弹出确认退乘对话框。点击"是",系统自动清理相关文件并从地面系统退出。退出成功后,弹出提示对话框,点击"确定"。

退乘异常处理:退乘过程中可能会出现频繁的"拨号失败"情况,这可能是由于处于密闭环境,无线网络覆盖较差导致终端的无线信号不强,该情况下应将终端移至信号较好的环境中再尝试操作。

9. 重启服务

重启服务功能是将终端系统的后台服务进程及相关辅助进程重新启动,在发生系统异常时提供快速恢复功能。在系统使用时如果数据文件总是下载不下来,可以点击"重启服务"按钮,重新启动服务。

3.2.3 站车交互常见问题

(1)登录系统后提示"GPRS 正在关闭",表明信号不佳或 APN 通道出错。

解决方法:点击网络——网络配置管理器——网络测试,执行"初始化——开 GPRS——建 APN"操作。

(2)系统提示读取电话卡、TF 卡信息出错。这是由于擅自插拔 SIM 卡、TF 卡引起的报错。

解决方法:进入系统,点击"配置",输入密码 admin。然后长按界面右上角,直到出现一个下拉列表,选择"系统清理"即可。(有时候清理完会出现网络无法连接的情况,执行"初始化——开 GPRS——建 APN"操作即可。)

(3)打开系统,提示录入"用户名、密码、域"界面,这是网络信号不好导致的。

解决方法:不用填写,直接点击左下角的"确定",界面即可消失。如果提示"GPRS 正在关闭"可选择重新进入系统或执行"初始化——开 GPRS——建 APN"操作。

(4)联网补票报错,错误代码 90090,表明站车无线交互系统应用手持终端设备或列车移动补票机设备号未注册。

解决方法:需要及时联系信息技术部门核实站车无线交互系统应用手持终端设备的设备号注册情况;联系收入部门核实列车移动补票机设备号注册情况。

(5)列车移动补票机提示"站车设备未就绪"则存在两种可能:一是列车长未实名登乘;二是登乘的日期和车次与列车移动补票机的日期和车次不一致。

(6)列车移动补票机提示"20509,终点站不允许补票",表明列车已到达终点站,不允许继续补票。

（7）查验车票时输入身份证后 6 位，在最后一位的 X 无法输入的情况下，只需输入身份证号码中的任意连续 6 位即可查询。

3.3 客运记录

3.3.1 客运记录的含义

客运记录是指在旅客、行包运输过程中因特殊情况，承运人与旅客、托运人、收货人之间需记载的某种事项或车站与列车之间办理业务交接的文字凭证。客运记录不能作为乘车凭证，更不能代替车票乘车。

3.3.2 编写客运记录应当遵循的原则

（1）仅限于站车交接使用。
（2）记录第一行应明确写出××站或××站公安派出所。
（3）记录内容应精练，层次清楚，叙事完整，目的明确。
（4）记录词句应本着实事求是的原则，做到具体、准确，不应凭猜想记录得似是而非、含糊不清。
（5）涉及交接人时，要注明乘车区段、有无车票、移交理由等。如果移交的是病人，还要注明病因、病况、处理过程、旁证材料等事项。在移交精神病旅客时，要根据其车票移交到站或换乘站，对于无票的精神病患者要移交给最近的三等及以上车站处理。
（6）涉及的数字、名称、单位、姓名、性别、年龄、发到站、座别、时间、伤势状态等应尽量准确。
（7）涉及退票款内容应记录原票种类、发到站、票号、座别、铺别、后补票号及应退票价（票号字头应抄全）。
（8）涉及交接票时，要注明发到站、票种、票号、票价、有效期、席别、铺别、移交原因等主要事项。
（9）涉及交接物品时，要注明品名、件数、移交原因等主要事项。
（10）涉及交接危险品时，要注明危险品的品名、数量，携带人的单位、地址、姓名、车票情况，已采取的应急措施、移交原因等主要事项。
（11）移交旅客遗失物品（包括外宾遗失物品）时，在能判明旅客下车站时应注明旅客的下车站。
（12）记录词句不应出现命令、质问、强制性及不尊重站方的语句。

3.3.3 编写客运记录的注意事项

（1）内容要符合铁路的规章制度。
（2）移交附带材料、人民币、证件、档案材料时，一定要在客运记录上注明。
（3）凡是交接的记录一定要由接收人签字。

(4) 记录存根要根据需要保存备查。
(5) 客运记录保管期限为 1 年。

3.3.4　旅客列车编制客运记录的范围

客运记录直接交给旅客，由旅客到站自行办理退票的范围如下。
(1) 旅客丢失证件，重新买票或补票后，在到站下车前，经核实无误，需退还重新买票的票价时。
(2) 车站发售卧铺重号，列车无能力安排时。
(3) 因车辆故障中途甩车、线路中断等，应退还旅客票款或票价差额时。
(4) 因空调故障，应退还旅客票款或票价差额时。
(5) 发现误售、误购车票，需由正当到站退还旅客票款差额时。

编制客运记录交车站值班人员，需车站值班人员签认，由车站协助办理的范围如下。
(1) 旅客误乘列车或坐过了站，交前方停车站免费送回时。
(2) 对无票乘车、违章乘车，拒绝按章补票的人员，责令其下车，移交县市所在地车站或三等及以上车站处理（旅客的到站近于上述移交站时，应交其到站处理）时。
(3) 旅客携带物品超重、超大或携带妨碍公共卫生的物品、动物，以及可能损坏或污染车辆的物品，无钱或拒绝补交运费，移交车站处理时。
(4) 发现旅客携带国家禁止或限制运输的物品、危险品，移交最近前方停车站或有关车站处理时。
(5) 旅客在列车上发生急病或因病死亡，移交县、市所在地或三等及以上车站处理时。
(6) 因意外伤害（包括区间坠车），导致旅客伤亡移交有关车站处理时。
(7) 旅客纠纷发生伤害，将受伤者、死亡者移交有关车站处理时。
(8) 列车上发现无人护送的精神病患者，移交到站或中转站处理时。
(9) 发现违章使用各种乘车证，移交车站或转交有关部门处理时。
(10) 发现车站多收票款或运费，转交车站退款时。
(11) 发现列车装载的行李、包裹品名不符，但不属于有意伪报一般品名者，以及发现实际重量与票面记载的重量不符，移交到站补收运费时。
(12) 发现列车装载的行李、包裹中有政府限制运输的物品或危险品而伪报其他品名，移交到站或前方停车站处理时。
(13) 伪报品名的行李、包裹损坏其他旅客的行李、包裹时，应分别编制客运记录说明情况，并应分别附在伪报品名的和被损坏的行李、包裹票上，移交有关到站处理。
(14) 列车接到发站行李、包裹变更运输（包括行李误运）电报时，应编制客运记录，连同行李、包裹和运输报单，交前方营业站转运，或交变更后新到站。旅客在列车上要求变更时，同样办理。
(15) 列车上发现旅客因误购、误售车票而误运行李时，其托运的行李在本列车装运，应编制客运记录，交前方营业站或中转站向正当到站转运。
(16) 发现无票装运的行李、包裹交到站按章补收运费时。
(17) 行李、包裹在运输途中发生事故，移交到站处理时。
(18) 其他与车站办理的交接事项。

3.3.5 客运记录编制方法

1. 编制方法

(1) 编号填在右上角,标明月份和序号(如1月份第1张客运记录编号为0101)。
(2) 事由栏:注明交接主要事项。
(3) 受理单位:站名(或车次)。
(4) 内容:日期、车次;运行区段、姓名、性别等;处理经过;落款(所属站、段、车次、列车长印章、日期)。

2. 编制实例

1)持"挂失补"车票正常到站乘车

【举例】

2021年8月18日,G103次列车(北京南—上海虹桥),中国铁路北京局集团有限公司(以下简称北京铁路局)北京客运段担当乘务工作,旅客张××,身份证号1102111985××××0653,持北京南站至济南西站的"挂失补"车票,08车08A号,票号Q135680。

旅客持"挂失补"车票正常到站情况下编制的客运记录示例如图3-4所示。

北京铁路局　　　　　　　　　　　　　　　客统—1

客 运 记 录

第 0801 号

记录事由:旅客持"挂失补"车票到站退款

济南西站:

　　2021年8月18日,G103次列车旅客张××,身份证号1102111985××××0653,持北京南站至济南西站的"挂失补"车票,08车08A号,票号Q135680,经确认席位使用正常,可办理退票。现移交你站,请按章办理。

特此记录

注:
1. 站、车需要编制记录时使用。
2. 本记录不能作为乘车凭证。

站段　编制人员　　　　　　(印)
站段　签收人员　　　　　　(印)

2021年8月18日编制

图3-4　旅客持"挂失补"车票正常到站情况下编制的客运记录示例

【编制说明】

（1）旅客持 2021 年 8 月 18 日北京南站至济南西站的 G103 次列车车票，开出北京南站的时间是 6:20，到达济南西站的时间是 8 月 18 日 8:01，列车长在济南西站到站前确认席位使用正常的情况下才能编制客运记录，所以编制记录时的日期为"2021 年 8 月 18 日"。

（2）客运记录中一定要注明"席位使用正常，可办理退票"。

2）持"挂失补"车票越站乘车

【举例】

2021 年 8 月 18 日，G103 次列车（北京南—上海虹桥），北京铁路局北京客运段担当乘务工作，济南西站开车后，旅客王××，身份证号 2305121990××××0318，持北京南站至济南西站的"挂失补"车票，08 车 09A 号，票号 C352172，要求越站乘车至南京南站，列车按规定补收济南西站至南京南站的车票，票号 T125826。

旅客持"挂失补"车票越站乘车情况下编制的客运记录示例如图 3-5 所示。

北京铁路局　　　　　　　　　　　　　　　　　　　客统—1

客 运 记 录

第　0802　号

记录事由：移交持"挂失补"车票越站乘车旅客

南京南站：

　　2021 年 8 月 18 日，G103 次列车旅客王××，身份证号 2305121990××××0318，持北京南站至济南西站的"挂失补"车票，08 车 09A 号，票号 C352172，自北京南站至济南西站区间席位使用正常，可办理退票；自济南西站至南京南站区间越站乘车，票号 T125826。现移交你站，请按章办理。

特此记录

注：
　　1. 站、车需要编制记录时使用。
　　2. 本记录不能作为乘车凭证。

站段　编制人员　　　　　（印）

站段　签收人员　　　　　（印）

2021 年 8 月 18 日编制

图 3-5　旅客持"挂失补"车票越站乘车情况下编制的客运记录示例

【编制说明】

（1）旅客持 2021 年 8 月 18 日北京南站至济南西站的 G103 次列车车票，北京南站开车时间是 6:20，旅客要求越站乘车到南京南站，到达南京南站的时间是 8 月 18 日 10:40，列车长在南京南站到站前确认席位使用正常的情况下才能编制客运记录，所以编制记录时的日期为"2021 年 8 月 18 日"。

（2）客运记录中越站的车票与"挂失补"车票的区间、票号都要填记清楚。

（3）客运记录中一定要注明"席位使用正常，可办理退票"。

3）持"挂失补"车票中途下车

【举例】

2021 年 8 月 18 日，G103 次列车（北京南—上海虹桥），北京铁路局北京客运段担当乘务工作，旅客赵××，身份证号 3202192000××××0573，持北京南站至上海虹桥站的"挂失补"车票，05 车 01A 号，票号 P536218，要求在无锡东站下车，经确认席位使用正常。

旅客持"挂失补"车票中途下车情况下编制的客运记录示例如图 3-6 所示。

北京铁路局　　　　　　　　　　　　　客统—1

客运记录

第　0803　号

记录事由：移交持"挂失补"车票中途下车旅客

无锡东站：

　　2021 年 8 月 18 日，G103 次列车旅客赵××，身份证号 3202192000××××0573，持北京南站至上海虹桥站的"挂失补"车票，05 车 01A 号，票号 P536218，要求在无锡东站下车，经确认席位使用正常，可办理退票。现移交你站，请按章办理。

特此记录

注：
1. 站、车需要编制记录时使用。
2. 本记录不能作为乘车凭证。

站段　编制人员　　　　　　（印）

站段　签收人员　　　　　　（印）

2021 年 8 月 18 日编制

图 3-6　旅客持"挂失补"车票中途下车情况下编制的客运记录示例

【编制说明】

（1）旅客持 2021 年 8 月 18 日北京南站至上海虹桥站的 G103 次列车车票，北京南站开车时间是 6:20，到达无锡东站的时间是 8 月 18 日 11:27。旅客要求在无锡东站下车，列车长在无锡东站到站前确认席位使用正常的情况下才能编制客运记录，所以编制记录的日期为"2021 年 8 月 18 日"。若到达无锡东站前，确认席位使用正常时，已是第二天，则编制客运记录的日期为"2021 年 8 月 19 日"。

（2）客运记录中一定要注明"席位使用正常，可办理退票"。

3.4 铁路电报

3.4.1 铁路电报的含义

铁路电报是处理运输生产业务的通信工具，是办理紧急事务公文的表现形式。铁路电报在办理铁路内部业务时使用，列车运行中发生临时紧急情况需通知有关部门，或本次列车不能解决，需请示立即支援或向领导汇报时，均可拍发铁路电报。

3.4.2 铁路电报分级

铁路电报等级按电报的性质和急缓程度，分为以下 6 种。

1. 特急电报（T）

特急电报指非常紧急的命令、指示，处理重大、大事故，人身伤亡事故，重大灾害及敌情的电报。

2. 急报（J）

急报指国铁集团及所属公司、铁路局的紧急命令、指示、时间紧迫的会议通知、列车改点、变更到站和收货人、车辆甩挂、超限货物运行，以及行车设备施工、停用、开通、限速的电报，国际公务电报及其他时间紧迫的电报。

3. 限时电报（X）

限时电报指限定时间到达的电报。根据需要与可能，由用户与电报所商定，在附注栏内填记送交收电单位的时间。

4. 列车电报（L）

列车电报指处理列车业务，必须在列车到达以前或在列车到达当时送交用户的电报。

5. 银行汇款电报（K）

银行汇款电报指银行办理铁路汇款业务的电报，按急报处理。

6. 普通电报（P）

普通电报指上述 5 类以外的电报。

3.4.3 列车电报拍发权限

旅客列车列车长和执行各项列车乘务工作的负责人员均可拍发铁路列车电报。执行列车乘务工作的负责人，在同一区段内不得重复拍发同一内容的电报。临时列车乘务工作负责人拍发电报时，应写明经由区间，并在附注栏内注明本次列车在发报站的开车时间。

下列情况不准拍发电报：处理个人私事（由组织处理职工个人的问题不在此限）；已经

有文电的重复通知；倡议书、感谢信；公用乘车证丢失声明；由于工作不协调，互相申告（执行列车乘务工作的负责人在列车运行中向上级领导汇报列车运行中发生的问题不在此限）；报捷、祝贺、吊唁（铁路局处以上单位或其负责人不在此限）；产品、书刊等的广告。

3.4.4　列车电报拍发范围

（1）列车运行中因意外伤害，导致旅客重伤或死亡时，应立即向上级主管部门及铁路局有关主管部门拍发事故速报（条件允许时，应先以电话方式汇报事故概况）。发生重大、大事故时还应立即向国铁集团客运主管部门和所属铁路局及发生地有关铁路局、站、段拍发事故速报。事故速报内容：事故种类；发生日期、时间、车次；发生地点、车站、区间里程；伤亡旅客姓名、性别、国籍、民族、年龄、职业、单位、地址；车票种类，发到站、票号，身份证号码；事故及伤亡简况。

（2）发生和发现重大行包事故，应立即向国铁集团、所在地铁路局拍发事故速报并抄送有关单位（指中转站、行包到站、公安部门等）。速报内容：事故等级；发生日期、时间、车次；发生地点、车站、区间、里程；票号、发到站；事故简要情况。

（3）遇特殊情况，途中发生餐料不足，应向前方客运（列车）段拍发电报，请求补充，抄送其主管铁路局。

（4）专运列车或车辆在中途临时需要补充备品时，应发电报给前方客运（列车）段（无客运段时为车站），请求支援，抄送其主管铁路局和车辆配属段。

（5）列车行包满载、列车严重超员，要求前方各站控制装载量及客流，以确保安全正点时，应电告各站，抄送各主管铁路局，必要时抄送国铁集团主管部门。

（6）列车发生重大刑事案件，急需侦破时，应向国铁集团、所在地铁路局、公安部门、铁路派出所拍发电报，抄送本铁路公安处、乘警支队。

（7）在列车上办理补收款额而发现少收票价、运费时，应给旅客发站（段）及其主管铁路局收入检查室拍发电报。

（8）列车广播设备（属电务部门维修）中途发生故障，需紧急处理时，电告前方站广播工区前来维修，并抄送本铁路局电务（通信）段（广播工区）。

（9）列车有关业务声明澄清责任时，应向有关站（段）发电报，抄送国铁集团、铁路局主管业务部门。

（10）处理旅客误购、误售车票，若旅客托运了行李，应发电报通知行李所在站。

（11）遇列车空调失灵，应电告前方停车站停售、停检本次车空调票。

（12）其他紧急情况，需迅速报告时。

拍发电报时电文应字迹清楚，抄送单位不宜过多，可以不抄送的单位应免去。凡是可以用电话或书面反映的问题就不必拍发电报了。

3.4.5　列车电报的交接

列车电报一般交有电报所的车站拍发。所担当的列车各停靠站是否有电报所，列车长要去了解，做到心中有数。

特殊情况可委托无电报所的车站代转。

电报编制一式两份，一份交车站，一份签收留存。

电报发出后应设法索取电报号码。

3.4.6 客运业务电报拟稿要求

1. 明确主送、抄送单位

（1）主送单位是指具体的受理单位或主办单位（不论单位大小，主要受理单位列最前位）。列车长必须清楚担当沿线铁路局、车务段的管辖区段。例如，北京铁路局与郑州铁路局分界站是安阳，属郑州铁路局；武汉铁路局与广州铁路局的分界在蒲圻站，属武汉铁路局。

（2）抄送单位是指知晓、协助办理、督促、备案、仲裁的单位（一般先上级后下级依次排列，担当段列最后位）。

2. 拟编电文的方法

（1）电文应以报告、汇报的形式写出，禁止使用命令、指责、指示、质问的词句。

（2）电文的语句应本着实事求是的原则，做到具体准确，不应凭猜想，似是而非，含糊不清。电文的数据、百分比、术语名称、尺寸、病情、伤势、姓名、性别、单位、年龄、时间、区间、站名应当尽量准确。

（3）电文的语句，不应出现自我推断的语言，特别是关系到事件的性质、责任的，不可妄下结论。

（4）发收报单位名称应准确，不应出现错误或根本不存在某一单位的现象。

（5）电文叙述要简练，层次、顺序清楚，目的明确。

（6）出现突发情况，由于时间紧张、情况复杂、条件限制，一时无法做到完全准确，应在电文中声明"详情正在调查，特此报告"字样。

（7）涉及乘警、乘检（随车机械师）人员事件，列车长应召集"三乘（乘务、乘警、乘检）一体"会议，对拟发电文进行商议，尽量取得一致意见，将看法不一致的语句修改为事件客观状况，并由"三乘"负责人共同签字再发。

3.4.7 电报的主要内容

（1）主送：发生问题、解决问题的直接单位。

（2）抄送：发生问题、解决问题的直接单位的有关上级领导机关和本单位的有关上级领导机关。

（3）内容：日期、车次、区间、问题、经过、处理。

（4）落款：车次、日期、发电报的站名、列车长的姓名。

3.4.8 抄送范围

（1）抄送范围根据不同情况而定，一般情况下，铁路局局管内的事项，不抄报到国铁集团，涉及两局以上的事项，应根据情况抄报有关铁路局业务部门。

（2）涉及治安问题，要主送公安派出所、公安处、公安局。

(3) 涉及路风问题,应抄送各级路风办。
(4) 涉及铁路乘车证问题,应抄送劳资、财务部门。
(5) 涉及行车安全问题,应抄送各级安监室。
(6) 涉及急性传染病时,应主送疾病预防控制中心及卫生主管部门。
(7) 遇到涉外问题时,应抄送公安和外事部门。
(8) 遇列车超员、行李车满载、超载运输、急性传染病时,应主送客运调度。

【实训】

高速铁路动车组车上移动客运业务

【实训目标】

（1）能够掌握列车移动补票机的操作技能与管理规定。

（2）能够掌握站车无线交互系统应用手持终端设备的操作技能。

（3）能够编制客运记录。

（4）能够拍发铁路电报。

（5）培养初步的自主学习能力。

【实训内容与要求】

第一步：由教师介绍实训的目的、方式、要求，调动学生实训的积极性。

第二步：对学生进行分组，确定各小组的组长和人员分工，制订小组实训计划（了解团队要做什么，要达到什么目的）。

第三步：教师介绍高速铁路动车组车上移动客运业务的相关知识和案例并布置讨论的问题。

第四步：各小组对教师布置的问题进行讨论，并记录小组成员的发言。

第五步：根据小组讨论记录撰写讨论小结。

第六步：各小组相互评议，教师点评、总结。

【实训成果与检测】

成果要求：

（1）提交案例讨论记录：3~5 名学生一组，设小组长 1 人、记录员 1 人，每小组必须有小组讨论、工作分工的详细记录，以作为考核成绩的依据。

（2）能够在规定的时间内完成相关的讨论，撰写实训小结。

评价标准：

（1）上课时积极与老师配合，积极思考、发言。

（2）认真阅读案例、积极参加小组讨论、分析问题思路较宽。能结合所学知识解答问题。

（3）富有团队合作精神，积极参与小组活动。

项目 4

高速铁路运输收入管理

【知识目标】

- 了解运输收入管理工作概况；
- 掌握票据的范围和性质；
- 了解运输费用的核算方式；
- 理解运输进款管理的基本要求；
- 了解列车收入工作的组织；
- 掌握运输收入的检查与监督规定。

【技能目标】

- 能够根据票据管理规定来使用票据；
- 能够依照运输费用的核算与结算规定来完成相关工作；
- 能够根据车站收入管理与车站客运进款管理规定来完成相关工作；
- 能够根据运输收入事故处理规定来处理运输收入事故。

【学习重点及难点】

- 学习重点：运输收入管理工作、票据的范围与性质、运输费用的核算与结算、运输收入的检查与监督。
- 学习难点：票据的使用、运输费用的结算、车站客运进款管理、运输收入事故处理。

【本章知识结构图】

高速铁路运输收入管理
- 铁路运输收入概述
  - 铁路运输收入管理工作
  - 铁路运输收入构成
- 运输费用的核算与结算
  - 运输费用的核收方式
  - 运输费用的结算
- 列车收入管理
  - 列车收入工作的组织
  - 票据的请领与使用
  - 票据和票款的安全
  - 进款结账规定
- 运输收入事故处理
  - 运输收入的检查与监督
  - 站车客运收入违纪行为与处罚
  - 运输收入事故分类与等级
  - 运输收入事故的处理
  - 事故的经济赔偿
- 铁路客运进款及杂费
  - 运输进款管理的基本要求
  - 运输进款的存汇
  - 铁路客运进款构成
  - 车站客运杂费的核收与结算
- 票据的管理
  - 票据的范围和性质
  - 票据的印制
  - 票据的订印
  - 票据的请领和保管

> **思政课堂**
>
> **加强运输收入管理　提升铁路市场竞争力**
>
> 　　新形势下,在铁路客运工作中,要着力加强运输收入管理,努力实现运输收入最大化,实现资源优化配置、提高市场竞争力,为推进铁路建设、发展作出更大贡献。
>
> 　　实现对运输收入管理的全过程监督,不仅是保证运输收入管理信息质量的重要手段,更是堵塞漏洞、确保运输收入完整、提高企业经济效益的重要措施。
>
> 　　建立科学有效的运输收入管理内部控制制度,要求列车运输收入工作人员加强个人政治思想素养的提升,严格遵守铁路财经纪律,严格按运输收入管理规章、规程进行运输收入作业,安全、圆满地完成铁路运输收入工作。

4.1 铁路运输收入概述

4.1.1 铁路运输收入管理工作

铁路运输收入管理工作是指对铁路客货运输票据、运输进款资金运动和运输收入实现的全过程进行监督与管理。其基本任务如下。

（1）监督客、货营业单位正确核收各种运输费用。

（2）负责运输收入进款资金的管理，确保运输收入完整和资金的及时缴拨。

（3）对各项运输收入进行审核和会计核算，编制会计报表，提供准确的运输收入数据信息。

（4）为各经济主体之间的资金结算和运输收入清算提供准确的运输收入数据信息。

（5）负责铁路客货运输票据的印制、供应、使用和保管等管理工作，保证运输生产的需要。

（6）负责编制铁路运输收入预算，并组织落实。

（7）查处各种侵犯铁路运输收入的违章、违纪行为。

4.1.2 铁路运输收入构成

铁路运输收入，是铁路运输企业在办理客货运输业务和辅助作业中，向旅客、托运人、收货人核收的票款、运费、杂费等运输费用的总称。

铁路运输收入分为客运收入、货运收入、铁路建设基金、代收款。

1. 客运收入

客运收入是指铁路运输企业在办理旅客运输业务和辅助作业中，使用铁路运输票据，按规定向旅客、托运人、收货人核收的票款、运费、杂费。

2. 货运收入

货运收入是指铁路运输企业在办理货物运输业务和辅助作业中，使用铁路运输票据，按规定向托运人、收货人核收的运费、杂费。

3. 铁路建设基金

铁路建设基金是指铁路运输企业在办理货物运输业务过程中，使用铁路运输票据，按规定向托运人、收货人核收的经国家批准征收的铁路建设基金。

4. 代收款

代收款是指铁路运输企业在办理旅客、货物运输业务和辅助作业中，使用铁路运输票据或其他专用票据，按规定向旅客、托运人、收货人核收的费用，具体包括以下几种类型。

（1）国际联运应清算给外国铁路的旅客票款收入，行李包裹、货运杂费。

（2）内地与香港直通运输中应清算给有关铁路方的旅客票款收入，行李、包裹、货运杂费。

(3) 装卸费及其他作业费。
(4) 旅客、托运人、收货人预付款。
(5) 经相关部门批准的其他代收款。

4.2 票据的管理

铁路运输收入票据管理工作，是铁路运输收入管理工作的重要组成部分。其基本任务是对铁路客货运输票据的印制、请领、保管、缴销、使用等全过程进行管理与监督，以满足铁路运输生产需要和保证铁路运输费用的正确核收。

4.2.1 票据的范围和性质

铁路办理客货运输使用的各种电子客票、纸质车票、行李票、包裹票、货票、客货运杂费定额收据、有价表格等统称为铁路客货运输票据。铁路客货运输票据是国家批准的专业发票，属有价证券，是铁路运输企业核算运输收入的原始凭证，铁路客货运输票据的各联任何单位不得增减。

4.2.2 票据的印制

铁路客货运输票据的格式、底纹、规格、墨色、用纸等标准由国铁集团规定（国际联运票据的样式、规格按国际铁路合作组织规章规定）。

铁路客货运输票据必须在由国铁集团批准并颁发"铁路客货运输票据印制准印证"的印刷厂印制。印刷厂必须有严格的保密和安全制度，按季度将所印制票据的字符、号码、订印单位等事项填入"铁路客货运输票据印制情况表"，呈报国铁集团主管部门备案。

4.2.3 票据的订印

各铁路运输企业所使用的铁路客货运输票据，由本企业的收入管理部门统一向国铁集团指定的印刷厂订印。其他铁路运输企业与国家铁路办理直通运输业务的铁路客货运输票据，由与其接轨的国家铁路的铁路局提供。其他单位和部门，一律不准印刷、使用与铁路客货运输票据相同样式的收款票据。铁路客货运输票据印刷费列入运营成本。运送铁路客货运输票据时，按《客运列车运送铁路公文管理办法》办理。

4.2.4 票据的请领和保管

站、段使用的铁路客货运输票据，向本企业收入管理部门请领。

铁路运输企业及其所属的站、段均应设置票据库。票据库必须有保证安全的设施，建立严格的出入库和交接制度，并指定专人负责，建立票据总账和明细账，掌握请领、使用和结存情况，定期清查。

铁路客货运输票据，未经上级收入管理部门批准，不准相互调拨和借用。

对使用完毕的客货运输票据存根页和票据整理报告，要按种别、日期、序号装订成册，按规定的保管期限保管。对使用过的计算机票（电子客票报销凭证）碳带也应按规定期限保管备查。

客货运输票据的保管期限：计算机票（电子客票报销凭证）碳带为 1 年；代用票（见图 4-1）、行李票、包裹票、各种货票、客货运杂费收据和其他票据（含到达行李票、包裹票、各种货票）为 3 年；铁路客货运输票据账为 10 年。

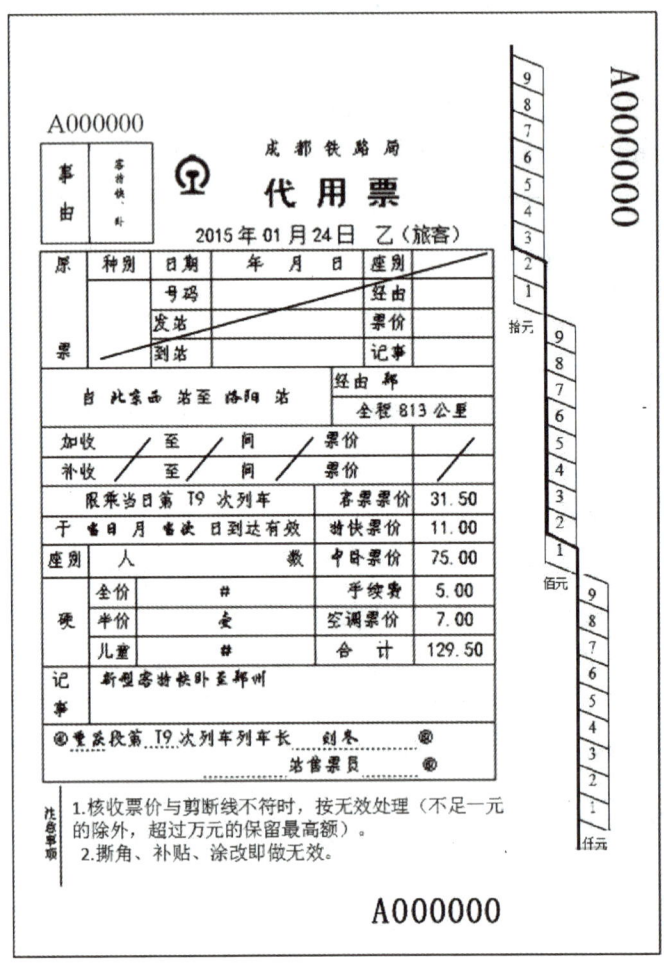

图 4-1　代用票

4.3　运输费用的核算与结算

4.3.1　运输费用的核收方式

1. 运输费用的核收规定

铁路运输企业在办理客货运输业务时，必须使用国铁集团规定的铁路客货运输票据核收运输费用。不得使用铁路客货运输票据核收国铁集团规定以外的任何费用。

2. 运输费用的核收方式

运输费用的具体核收方式分为现付、到付、后付、预付四种。

1）现付

旅客票款，行李、包裹、货物运费，以及发站发生的杂费实行发送核算制，由发站负责计费收款，发送运输企业审核列账。

2）到付

批准按到付办理的货物运杂费、中途站和到站发生的杂费，由到站负责计费收款，到达运输企业审核列账。

3）后付

符合后付范围的军事运输发生的票款、运费、押运人乘车费，以及国铁集团批准的按后付办理的货物运输费用，由发站负责制票，发送运输企业集中审核、列账，并按国铁集团制定的结算办法向指定单位进行结算。

4）预付

铁路客货运输费用在付款人和收款人双方自愿的原则下可签订协议按预付办理。

4.3.2 运输费用的结算

1. 运输费用的结算方式

铁路运输费用结算方式分为现金结算和非现金结算两种。

1）现金结算方式

发售车票，承运行李、包裹、货物发生的运输费用可核收现金。

中国人民银行规定结算起点以下的票款和运杂费按现金结算方式办理。

2）非现金结算方式

企业、事业单位、机关团体和签有协议的单位购买车票及托运包裹、货物发生的票款和运杂费，可按非现金结算方式办理。

对于经常发到货物的单位，在不影响车站运输收入进款送存银行的前提下，可按日汇总结算。铁路运输费用不办理异地托收。发生退款时，按原收款结算方式办理。

2. 军事运输费用的结算

1）现付

按现付办理的军事运输，其运输费用结算方式，按现付的有关规定办理。

按后付办理的军事运输，杂费一律按现付办理。

2）后付

按后付办理的军事运输，票款、运费和押运人乘车费按后付办理。

车站对按军事运输后付办理的客货运输，应使用专用代用票和"军运后付货票"。

3. 邮运运费的结算

铁路运输企业根据与有关邮政部门签订自备邮政车挂运或租用行李车固定空间的运邮合同办理结算运费的实行月初预付、月末结算制度，并按权责发生制列账。

4. 预付款的结算

旅客或托运人缴纳预付款时，受理单位应填开"预付款存入凭证"作为收款依据，由铁路运输企业集中管理。受理单位应按预付款单位建立明细账。

已缴纳预付款的旅客购票、托运人托运货物发生运输费用或要求退还预付款时，受理单位应根据应收费用和应退预付款金额填开"预付款抵用凭证"，作为已缴运输收入或退还预付款的依据。

4.4 车站客运进款管理

4.4.1 运输进款管理的基本要求

客货营业单位必须建立严格的运输收入进款管理制度，选派政治素质好、业务能力强的专人负责运输收入进款的保管、存汇及账表编报工作，并实行账款分管制度。非专职人员不得直接对外办理客货运输及收付款业务。

运输收入进款存放地点必须有安全设备和防范措施，严防丢失、被盗。

车站向银行送存运输收入进款时，从存款地点到送款车辆、送款途中，以及从送款车辆到银行，必须由公安人员全程护送，没有公安人员的车站，由站长派人护送，日均现金收入超过 10 000 元时应使用机动车辆送存银行。

车站办理进款交接时，交接双方必须当面点清，并按规定填写"票据进款交接单"，互相签认。

旅客列车应配备保险柜存放票据和资金，并由列车长或其指定的专人负责管理，保证票据和现金的绝对安全。列车乘务工作终了交款时，必须由乘警护送至交款处所。

4.4.2 运输进款的存汇

铁路运输企业和所属客货营业单位应在当地银行开立运输收入存款专户。当地无银行或未在当地银行开户的车站，应按上级收入管理部门规定的日期，通过指定的列车将运输收入进款送至代缴站办理存汇或由收入管理部门派专车取送。各级运输收入存款专户均应建立"运输收入进款银行日记账"。车站必须按月将银行对账单报收入管理部门审核。

运输收入进款专户内不办理运输收入范围以外的其他收付款业务。站、段的运输收入进款必须在收款次日 12:00 前送存银行，并按规定日期上缴上级收入管理部门。各级运输收入会计核算单位应按上级规定办法办理运输收入资金的缴拨。

各级运输收入存款专户的存款利息收入应在银行结算的当月列账，收入管理部门应按国铁集团规定，根据每季度运输收入存款专户结息期内铁路建设基金占全部运输收入进款的比例，计算应缴铁路建设基金银行存款利息，全额报缴；其他存款利息列本企业利息收入。办理运输收入进款存汇所发生的相关费用支出由决算单位列财务费用。客货营业窗口找零备用金由决算单位财务部门提供。

4.4.3 铁路客运进款构成

客运运输进款是铁路运输企业在办理旅客、行李、包裹运输业务过程中，使用客票、行包票、客运杂费收据和其他专用票据，按有关规定向旅客、托运人或收货人核收的票款、运费、杂费及其他收费。

1. 客运进款项目

（1）客票进款，即车站发售客票向旅客核收的全部票款，包括旅客票款进款、订票费进款。

（2）行李运费进款。

（3）普通包裹运费进款。

（4）行包专列运费进款。

（5）行邮专列运费进款。

（6）邮运进款。

（7）列车补票进款。

（8）客运其他进款，包括车站客运其他进款、与列车有关的客运其他进款及铁路公用乘车证票价进款。

2. 铁路运输进款分类

铁路客运运输进款与货运运输进款、运输关联进款一并构成铁路运输进款。铁路运输进款按其归属关系还可分为运输收入、专项进款和代收款。

1）运输收入

按照铁路现行管理体制及运输收入管理规定，运输收入分为客运收入、货运收入、路网收入和运输关联收入。

2）专项进款

专项进款是指铁路运输进款中属于国家铁路运输企业所有的铁路建设基金进款及其存款利息、保价进款。

3）代收款

代收款是指铁路运输进款中应清算给铁路运输企业以外的其他交通运输企业、装卸部门等有关单位的款项。

4.4.4 车站客运运杂费的核收与结算

1. 客运运杂费核收方式

铁路客运运杂费的具体核收方式分为现付、到付、后付、预付四种。

1）现付

旅客行包运费及发站发生的杂费通常采用现付方式，即实行发站核算制，由发站负责计费收款，发局审核列账。

2）到付

中途站和到站发生的杂费采用到付方式，即由到站负责计费收款，到局审核列账。

3）后付

军事人员运输属于后付规定范围的，由发站负责制票，发局集中审核、列账并按国务院铁路主管部门制定的结算办法向指定单位进行结算收款。

4）预付

铁路客运运杂费在收款人和付款人双方自愿的原则下可签订协议按预付办理。

2. 客运运杂费结算方式

铁路客运运杂费结算方式分为现金结算和非现金结算两种。

核收客运运杂费必须使用《铁路旅客运输办理细则》规定的客运运输票据办理。未经国务院铁路主管部门批准，不得使用客运运输票据核收规定以外的任何费用。

1）现金结算

发售车票、承运行李和个人托运包裹发生的运杂费应核收现金。

中国人民银行规定结算起点以下的票款和运杂费按现金结算方式办理。

2）非现金结算

企业、事业单位、机关团体和签有协议的单位购买车票和托运包裹发生的票款和运杂费，可按非现金结算方式办理，不办理异地结算。发生退款时，按原收款结算方式办理。

3. 收款有误的处理

车站必须建立健全客运运输票据及报表的"三检"（自检、互检、总检）复核制度，防止发生差错。

1）发站

发站复核发现少收款时，应使用客运杂费收据及时补收；复核发现多收款时，使用"车站退款证明书"办理退款手续，并发电报通知所属铁路局收入管理部门和到站。

车站收到收入管理部门填发的"票价订正通知书""补款凭证""退款凭证"时，应核对本站是否已补退，未办理补退的，应在规定时间内办理。因特殊情况，原收款站办理补退有困难时，可委托有关站段办理，凭有关函电证明报收入管理部门销账。

2）到站

到站发现发站原收运杂费计算错误造成少收款时，应发电报通知发站及收入管理部门查询，收到答复后办理补款。超过180天无法处理时，少收款由责任者赔偿，责任者无力赔偿或少收款属单位责任的，由单位负责赔偿，在责任单位营业外支出科目列支；多收款转运营财务部门列营业外收入。

4.5 列车收入管理

4.5.1 列车收入工作的组织

旅客列车的列车长负责组织值乘列车的运输收入工作，发动全体乘务员正确执行国家财经政策和各项规章制度，落实检票制度，防止无票旅客乘车、无票运输和携带品超重、超限，正确办理各项补票业务，维护运输收入完整。列车长值乘时，应负责检查各种加挂车辆和邮政部门占用铁路行李车的容积，装运物品、值乘人数及所持证件是否符合规定。发现不符合规定应按章处理，如当时不能处理应开具客运记录报铁路局处理。

4.5.2 票据的请领与使用

1. 客货票据的请领与使用

（1）客运段使用的铁路客货运输票据，应向本企业收入管理部门请领。

（2）客运段应设置票据库，必须有保证安全的设施，建立严格的出入库和交接制度，并指定专人负责，建立票据总账和明细账，掌握票据请领、使用和结存情况，定期清查。

（3）列车长出乘前，必须带足所需客票票据。遇特殊情况在中途向车站或其他列车借票时，列车长应与出借票据方办理借票手续，出借票据方应发电报向有关收入管理部门、站段报告借票情况。交接票据要当面逐号查清并签认。铁路客货运输票据，未经上级收入管理部门批准，不准相互调拨和借用。

（4）客运段应在每年11月提出次年客货运输票据的印制计划，经本企业的收入管理部门审核汇总后，通知指定的印刷厂安排印制计划。

（5）客运段根据客货运输票据使用量，按2~4个月的储备量，填报"票据请领单"，向本企业收入管理部门请领客货运输票据。铁路运输企业收入管理部门对客运段报送的客货运输票据请领单要认真审核，发现错误及时纠正，防止误印、脱销、积压，经审核无误后向印刷厂订印票据。

（6）客运段收到请领的票据后，应对车票（逐卷）在15天内，其他票据（逐本）在10天内，清点、验收、登记入账。及时向本企业收入管理部门签回请领单的丙联。

（7）客货运输票据使用前，必须逐张（联）清点，经确认无误后启封使用。清点客货运输票据发现错误时，应填制"客货票据印刷验收差错记录（财收-19）"报本企业收入管理部门。收入管理部门经审核确认，填制"客货票据缺号证明书（财收-23）"交上报单位作为销账的依据。

2. 票据账的设置

票据账是登记、掌握各种客货运输票据收支情况的专用账簿。客运段必须建立完整的客货票据账。每本"客货票据账"的封皮后面均应附有"经管人员一览表"和"客货票据账目录"，账页应连续编号。客运段应建立票据总账和列车长分户账。

3. 票据的使用

（1）客货运输票据必须按照票据符号、票号顺序使用。如因工作失误出现越号时，应及时向上级收入管理部门报告，在"票据整理报告"上分行填记上报，并尽快采取措施恢复顺序使用。

（2）客货运输票据的内容应按照规定逐项填写，不得省略项目。对填写式票据，不论是手工填写还是计算机填写，都必须各联同时复写，不得分联填写。

（3）货运票据的金额、货物品名、重量等与计费有关的栏目填写错误时，按作废票处理。

（4）当客运票据发生填写错误或代用票剪断线与填写金额不符时，不得涂改，一律按作废票处理。代用票"旅客联"一经剪断，原则上不得按作废票处理。如属特殊情况，应由经办人写出经过，经单位领导签认后，报上级收入管理部门核实处理。

（5）作废的客货运输票据必须各联齐全，票面上画对角线，并需加盖"作废"戳记。除存根联外其他各联一并上报。

（6）使用计算机填制客货运输票据的，在实际制票工作中如果出现计费方面的错误，应及时报告上级收入、客运、货运和信息管理部门解决。

4.5.3 票据和票款的安全

列车长出乘前，必须带足所需客票票据，列车应配备保险柜存放票据和票款。列车使用的票据与核收的票款，应由列车长或其指定的专人负责管理，保证票据和现金的绝对安全。交接票据要当面逐号查清，并签认。

填写票据应按票据号码顺序正确使用，填写正确的票据不得任意作废，必须作废时，应填记作废理由，使用完毕的票据存根页统一交本段保管。因调离工作岗位未用完的客票票据，须及时交回，在未交清前不得离职。

列车长于每次值乘终了时，根据往返程发售的各种票据经复核后，编制"车内补票移交报告（财收-17）"，在返程终点站由乘警护送向本段或车站缴款，移交车站时由车站填发客运运价杂费收据代为上缴。

当次列车填发的全部票据与核收的进款，必须全部报缴，不准压票压款，挪用进款。

客运段可在当地银行开立运输收入存款户，办理车内补票款的存入与上缴工作。

铁路局审核车内补票报告及随附票据，发现多收、少收、多缴、少缴款时，分别填发"票价订正通知书（财收-9）"及"多、少缴款订正通知书（财收-11）"交客运段处理。

4.5.4 进款结账规定

列车运输收入进款应遵守先交款后结账的原则，按日进行结账。结账时间除特定情况外，统一规定为18:00。旅客列车结账时间为本次乘务工作终了。

当月运输收入进款应在当月列账。实行移动补票机售票和制票的列车，直接收款人员必须在办理交款手续后方可打印结账报表。

现金交接必须当面清点，不准以支票套取现金。结账时发生多出款，应在当日列账上缴，严禁保留账外现金。短少款由责任者当时赔补，不准以运输收入进款或找零款顶数滚欠。

列车长每次值乘终了应正确编报"车内补票移交报告"，在退乘当日连同票据存根页、报告页和缴款收据一并送交客运段，客运段填报"车内补票移交报告汇总表"上报铁路局。

4.6 运输收入事故处理

4.6.1 运输收入的检查与监督

1. 运输收入专业检查与监督

为保证运输进款及运输收入正确核收和完整上缴，铁路运输企业收入管理部门负责采取内部审核、会计核算、实地稽查的方法，对运输进款的资金运动及运输收入实现的全过程进行检查与监督。

（1）各级收入管理部门有权对客运售票系统、行包制票系统生成的原始信息进行稽核、检查，并对客票信息、行包信息网络传输的安全性、准确性进行检查与监督。

（2）各级收入管理部门对于不执行或不正确执行规章制度的单位的违纪行为及其所做出的违反国务院铁路主管部门规定的错误决定，有权要求其纠正或撤销，必要时报告主管领导或上级业务主管部门督促执行。对违反运输收入纪律的单位和个人，有权提出经济处罚和行政处分的建议。

2. 运输收入稽查人员的职权

各级运输收入稽查人员对管内的站段、旅客列车（包括通过、到达管内的外单位担当的旅客列车及国际联运旅客列车）的运输进款及运输收入工作，负有监督、监察、指导的职责。收入稽查人员的职权具体包括以下方面。

（1）检查站段和客、货列车（包括机车、邮政车及各种专用车辆）有关运输进款及运输收入的工作；凭稽查证件、稽查臂章查验旅客乘车凭证及路内职工乘车证。

（2）有权查处涉及运输进款和运输收入的各种违章违纪问题。

（3）有权调阅与运输进款及运输收入有关的各种账表凭证、文件、资料；有权要求被查单位介绍情况，接受检查；对于能够证明违纪事实的资料有权暂予扣留或封存。

（4）对稽查中发现的违章违纪行为，在稽查现场有权予以制止；对查出的问题填发"稽查工作记录"，由被查单位负责人签认，必要时可拍发铁路电报向上级机关报告；对违章违纪的单位和个人，有权提出经济处罚和行政处分的建议，责任单位如无特别理由须按稽查提出的建议限期做出相应处理，并将处理结果和整改措施报稽查的派出单位。

（5）运输收入稽查人员执行任务需乘车时，免予签证，不受车种、席别的限制；出入车站有关处所，使用铁路电话、拍发铁路电报均不受限制。

4.6.2 站车客运收入违纪行为与处罚

站车客运收入违纪行为是指站车及其所属有关工作人员在办理客货运输业务和开展延伸服务活动中及对完成的运输收入进行核算、列账、报缴时，为了局部利益或个人利益，违反有关铁路运输收入管理的规章制度，有意侵犯铁路运输收入和因工作失职致使铁路运输收入遭受损失的行为。

站车工作人员在办理客运业务时，构成下列行为之一的，属于违纪行为：利用工作或职务之便，篡改票证、报表或以其他方式侵占运输进款；无票运输行包；降低行包计费的重量，致使运输收入漏、少收；伪报行包品名或伪造客票号码将包裹按行李托运致使运输收入漏、少收；对到达的品名、重量不符的行包应当补收费用而不收；越权减、免运杂费或违反运价下浮规定下浮运价；其他违反铁路运输收入规定或客运计费规定，造成运输收入漏、少收。

对构成运输收入违纪行为的单位，根据情节将给予警告、通报批评，罚款，取消年度有关先进表彰的评比资格等多种处罚。对构成运输收入违纪行为的直接责任者、主要领导根据事实和情节，将给予警告、记过、记大过、降职、撤销、留用察看、开除等形式的行政处分及一定的经济处罚。

4.6.3 运输收入事故分类与等级

1. 运输收入事故分类

运输收入事故的种类分为现金事故、票据事故和坏账损失。

（1）现金事故：现金丢失、被盗、被抢劫。

（2）票据事故：在印制、保管、发放、寄送、运输和使用过程中发生的铁路客货运输票据丢失、灭失、被盗、短少。

（3）坏账损失：因失职造成的无法收回的运输收入进款。

2. 运输收入事故等级

运输收入事故等级分为一般事故、大事故和重大事故。

（1）一般事故：损失金额不足1万元。

（2）大事故：损失金额在1万元及其以上，不足10万元。

（3）重大事故：损失金额在10万元及其以上。

3. 事故金额的计算

（1）现金、银行票据和坏账损失按实际损失计算。

（2）车票和印有固定金额的票据，按票面金额计算。

（3）代用票按每组1 000元计算。

（4）计算机软纸空白票按每张1 000元计算。

（5）行李票、包裹票、客运杂费收据等未印金额的票据按每组500元计算。

（6）各种货票、货运杂费收据等未印金额的票据按每组1 000元计算。

（7）对使用过的到达铁路客货运输票据事故金额按上述相应票据计算。

（8）对使用过的发送铁路客货运输票据事故金额能确定运输收入实际损失的，按造成的运输收入实际损失计算，不能确定实际损失的按上述相应票据计算。

4.6.4 运输收入事故的处理

发生运输收入事故时，应保护好现场，并立即告之收入管理部门和公安部门，以便及时破案。

事故发生后应于 5 日内向本企业收入管理部门提出"运输收入事故报告表"并附责任人书面材料。重大、大事故应及时书面报告国铁集团。发生运输收入事故除经济赔偿外，可视情节轻重对责任者给予行政处分，情节严重的应追究主管领导的行政责任。

一般事故由站、段处理，并报本企业收入管理部门备案。

重大、大事故由铁路运输企业处理，并报国铁集团收入管理部门备案。

4.6.5 事故的经济赔偿

发生运输收入事故造成的经济损失须由责任者和责任单位赔偿，责任者无力赔偿的部分由事故发生单位负责赔偿，收回的事故赔款列原科目，其中票据事故赔款列其他收入。

 【实训】

高速铁路运输收入管理实训

【实训目标】

（1）能够掌握票据的管理、运输费用的核算与结算的相关规定。

（2）能够掌握车站客运进款管理及列车收入管理的相关规定。

（3）培养初步的自主学习能力。

【实训内容与要求】

> 第一步：由教师介绍实训的目的、方式、要求，调动学生实训的积极性。
> 第二步：对学生进行分组、确定各小组的组长和人员分工，制订小组实训计划（了解团队要做什么，要达到什么目的）。
> 第三步：教师介绍高速铁路运输收入管理的相关知识和案例并布置讨论的问题。
> 第四步：各小组对教师布置的问题进行讨论，并记录小组成员的发言。
> 第五步：根据小组讨论记录撰写讨论小结。
> 第六步：各小组相互评议，教师点评、总结。

【实训成果与检测】

成果要求：

（1）提交案例讨论记录：3~5 名学生一组，设小组长 1 人、记录员 1 人，每小组必须有小组讨论、工作分工的详细记录，以作为考核成绩的依据。

（2）能够在规定的时间内完成相关的讨论，撰写实训小结。

评价标准：

（1）上课时积极与老师配合，积极思考、发言。

（2）认真阅读案例、积极参加小组讨论、分析问题思路较宽。能结合所学理论知识解答问题。

（3）富有团队合作精神，积极参与小组活动。

项目 5

高速铁路列车票务处理

【知识目标】

- 了解车票的作用；
- 掌握车票的分类；
- 了解高速铁路新型售票方式；
- 了解乘坐动车组列车的基本条件。

【技能目标】

- 能够根据车票的发售规定来发售车票；
- 能够根据旅客的乘车条件来完成票务工作；
- 能够根据行程变更车票处理规定来完成相关工作。

【学习重点及难点】

- 学习重点：车票的作用与分类、车票的发售规定、乘坐动车组列车的基本条件。
- 学习难点：不符合乘车条件的处理、行程变更车票的处理。

【本章知识结构图】

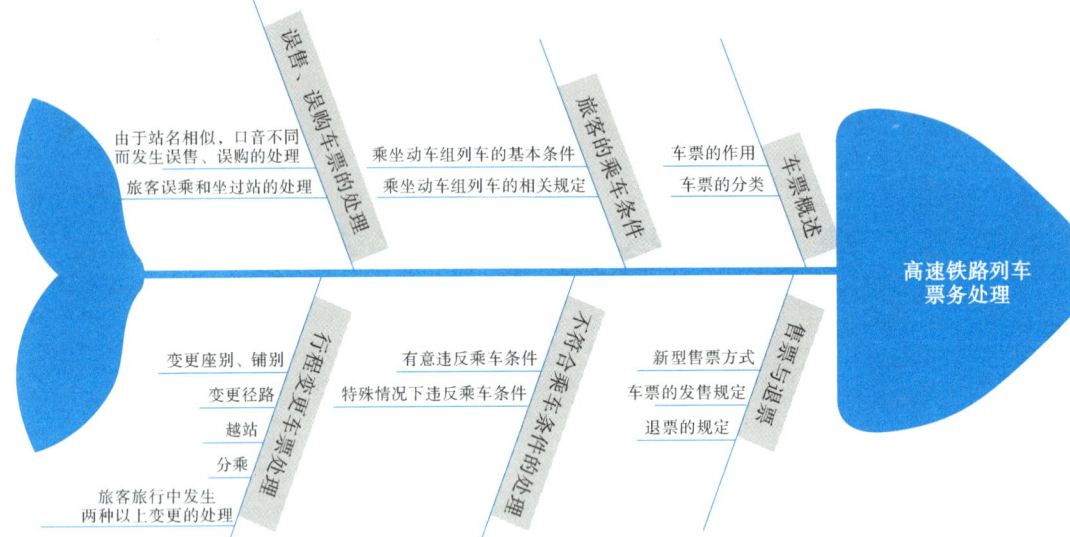

思政课堂

铁路便捷畅行路，好人好事暖人心

嘲笑旅客"坐车不买票"、暗讽旅客为占小便宜而不给超高儿童买票，"得理不饶人"的心态，在列车补票工作中可取吗？让我们看看中国铁路上海局集团有限公司上海客运段的乘务员辛梓萌是怎么做的。

上海客运段值乘的 G1327 次列车从杭州东站开出，乘务员辛梓萌为车厢内需要办理补票的旅客提供补票服务。见一位中年旅客坐在地上，乘务员辛梓萌便蹲着为旅客办理业务，旅客看到她满头大汗，说道："小姑娘，辛苦你了，还蹲着帮我补票。"辛梓萌摇摇头，"没事，不辛苦"，一边补票一边提醒该旅客在车门口要注意安全。旅客对辛梓萌的周到服务、细心提示表示赞许。

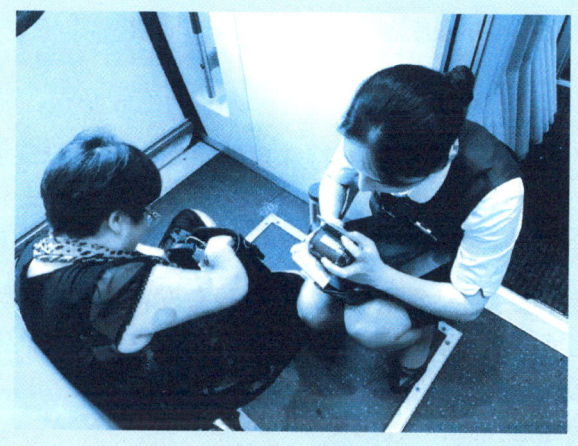

5.1 车票概述

5.1.1 车票的作用

车票是铁路旅客运输合同的基本凭证。

铁路旅客运输合同是明确承运人与旅客之间的权利和义务关系的协议。铁路旅客运输合同从售出车票时起成立，至按票面规定运输结束旅客出站时止为合同履行完毕。旅客运送期间自检票进站起至到站出站时止计算。铁路旅客运输合同的订立，明确了承运人和旅客双方的基本权利和义务。车票是旅客乘车的凭证，是旅客和铁路企业缔结运输合同发生运输关系的依据，也是旅客支付票款和办理旅客意外伤害保险的依据。

5.1.2 车票的分类

车票是乘车票据的总称。车票票面（特殊票种除外）主要应载明发站、到站、径路、座别、卧别、票价、车次、乘车日期、有效期等内容。车票按其形式分为以下几种。

1. 磁卡式客票

客运站通过电子计算机、自动售票机等高科技设备发售磁卡式客票。过去，我国高速铁路车站发售的车票以此类车票为主，目前随着电子客票的推广使用，磁卡式客票已转变为磁卡式电子客票报销凭证。

磁卡式客票（报销凭证）式样及说明。

（1）规格。客票（报销凭证）尺寸为 85.6 mm×53.98 mm，四角倒圆。

（2）票面图案及颜色。细网格为基本底纹，主要背景图案为一动车组列车从右向左快速行驶的画面；票面下方有一条英文字母 CR 组成的微缩防伪线；票面左上角印有红色票号；票面整体颜色基调为浅蓝色；车票背面印有"铁路旅客乘车须知"（白色）。

（3）特点。耐高温、抗磁化、防伪造、易携带、保存时间长、存储数据多、首读识别率高。磁卡式客票如图 5-1 所示。

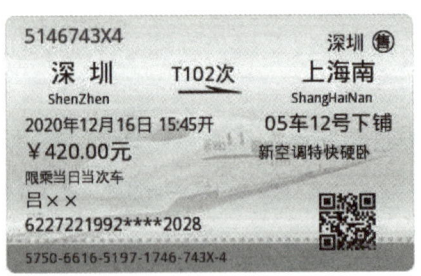

图 5-1 磁卡式客票

2. 薄纸式客票

薄纸式客票包括移动售票机打印的软纸票及根据需要临时填发的代用票等。薄纸式客票如图 5-2 所示。

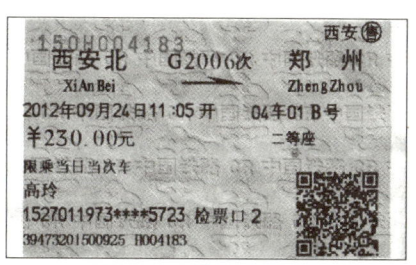

图 5-2　薄纸式客票

3. 电子客票

电子客票是客票管理和服务流程电子化、虚拟化的实现方式，是为旅客提供个性化、多样化服务的基础。

通过推广电子客票，将车票电子化和虚拟化，实现电子化的订票、支付、变更、登乘、结算、个性化服务等全过程旅行服务。使旅客的认证从传统的纸质客票认证演变成网络传递的电子认证。

电子客票具有以下优点。

（1）提高服务水平和服务质量，提供方便快捷的自助服务。

（2）降低客运运营成本，增加客运市场销售渠道，简化人工服务环节，提高经济效益。

（3）实现客票的防欺诈、防丢失、防涂改、防伪造等使用要求，提高客票的安全性。

（4）方便实现系统间的电子数据交换，为客票销售的跨地区、跨行业提供电子化服务，易于与国际市场接轨，增强竞争力。

（5）实现了旅客行程信息的电子化，为营销统计、分析和预测提供基础数据，有益于营销策略的调整和服务的改善。

5.2　售票与退票

5.2.1　新型售票方式

1. 互联网售票

旅客使用规定的有效身份证件通过中国铁路客户服务中心网站（www.12306.cn，以下简称"客服中心网站"）预订高速铁路电子客票，在规定时间内以电子支付方式完成票款支付后，可获取电子客票（直接在线或通过邮件接收行程信息，或打印出行程信息提示，也可通过手机短信、微信获取行程信息，还可以打印报销凭证）。中国铁路客户服务中心网站如图 5-3 所示。行程信息提示如图 5-4 所示，电子客票报销凭证如图 5-5 所示。

图 5-3　中国铁路客户服务中心网站

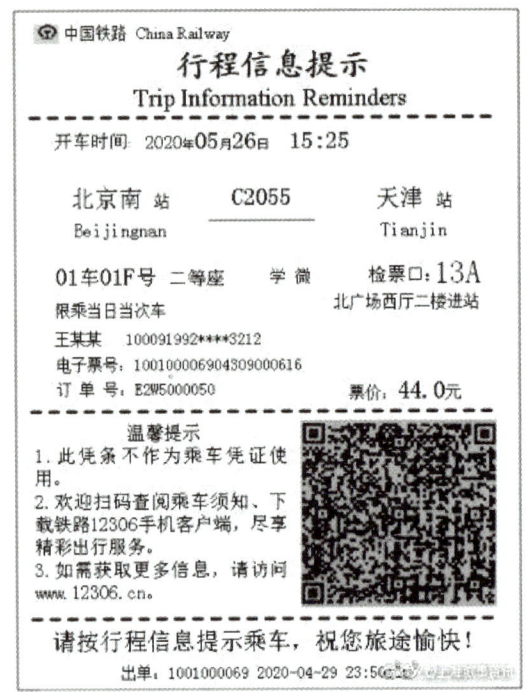

图 5-4　行程信息提示

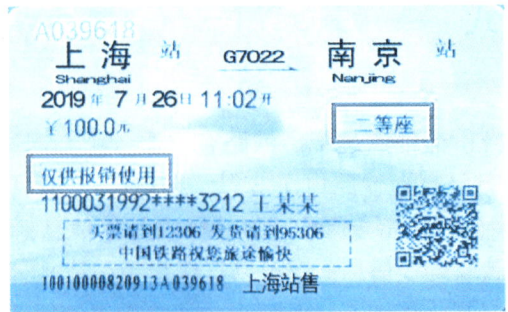

图 5-5　电子客票报销凭证

2. 自动电话订票

旅客使用规定的有效身份证件通过自动电话订票系统预订高速铁路电子客票，在规定时间内到车站售票窗口或火车票代售点进行票款支付后，完成购票过程。

3. 手机购票

手机购票是通过手机上网的方式购票，一般需下载"铁路 12306" App 应用，通过该 App 订票。手机订票响应时间及可靠性均优于电话订票，此方式提供直观的菜单操作，方便用户使用。旅客使用规定的有效身份证件通过手机预订高速铁路电子客票，在规定时间内完成票款支付后，可有选择地通过手机短信、微信和 App 应用的已购车票功能，获取电子客票信息。"铁路 12306" App 主界面如图 5-6 所示。

图 5-6　"铁路 12306" App 主界面

4. 自动售票机售票

旅客可使用自动售票机自助购买电子客票，还可用预订电子客票时使用的二代身份证获取行程信息提示及实体报销凭证。自动售票机如图 5-7 所示。

5. 第三方自助业务终端售票

铁路部门与第三方（例如银行、电信运营商、邮政等单位）合作，借助其广泛分布的自助业务终端开展售票业务，旅客可使用规定的有效身份证件通过第三方自助业务终端购买电子客票，同时获取行程信息提示。

图 5-7　自动售票机

6. 代售点售票

通过授权代售点办理电子客票业务，既可有效降低售票的成本，又可避免铁路票据管理的风险，有利于进一步扩大高速铁路售票渠道（现阶段可大力发展旅行社、连锁便利店等售票渠道）。火车票代售点如图 5-8 所示。

图 5-8　火车票代售点

7. 人工窗口售票

除正常发售车票外，人工窗口还有打印行程信息提示，换取电子客票报销凭证的功能，还可办理电子客票改签、退票等业务。人工窗口售票如图 5-9 所示。

5.2.2　车票的发售规定

（1）车票应在承运人或销售代理人的售票处购买。承运人或销售代理人在有运输能

图 5-9　人工窗口售票

力的情况下应按购票人的要求发售车票。从 2011 年 6 月 1 日起，全国所有动车组列车实行实名制购票。另外，动车组车票实行全路联网通售，停靠站均设专门售票窗口，购票手续简便，方便旅客提前购票、随到随走。铁路部门提供多种购票方式供旅客选择，如窗口购票、自动售票机购票、电话订票、网上订票等。承运人还可以开办发售异地票、往返票等售票业务。

（2）动车组车票的发售按以下规定办理：承运人在发售动车组车票时，应根据购票人指定的到站、座别、径路发售，不得为图方便，使用到站不同而票价相同的车票来相互替代；动车组列车车票最远只发售至本次列车终点站。

（3）动车组列车只发售二等座车学生票，动车组列车的学生票价按全价票票价的 75% 计收。学生旅客购买联程票或乘车区间涉及动车组列车时，可以分段购买车票。分段发售车票时，由发售第一阶段车票的车站在学生优惠卡中划销，中转站凭上一段车票售票，不再划销次数。

购买动车组学生减价票的对象包括：普通本、专科院校（含国家教育主管部门批准有学历教育资格的民办大学），军事院校，中、小学，中等专业学校、技工学校，其中不包括各类职工大学、电视大学、业余广播大学、函授学校的学生。

对于以上没有工资收入的学生、研究生，家庭居住地和学校所在地不在同一城市时，凭附有加盖院校公章的减价优待证及优惠卡（小学生凭书面证明），每年可享受家庭至院校（实习地点）之间 4 次单程动车组学生票。

动车组学生票的发售时间：暑假为 6 月 1 日—9 月 30 日；寒假为 12 月 1 日—次年 3 月 31 日。

应届毕业生从学校回家，凭院校书面证明，可购买一次动车组学生票。新生入学凭院校的录取通知书，也可购买一次从接到录取通知书地点至院校的动车组学生票。华侨学生和港澳台学生按照上述规定同样办理,如回家时,其学生票发售至边境车站。

超过学生减价优待证上记载的区间乘动车组时,对超过的区间按一般旅客办理,核收全价。

符合减价优待条件的学生无票乘车时,除补收票款(含应补的动车组学生票及加收已乘区间应补票价50%的票款)外,同时应在减价优待证上登记盖章,登记一次乘车次数。

以下情况不能发售动车组学生票:学校所在地有学生父或母其中一方时;学生因休学、复学、转学、退学时;学生往返于学校与实习地点时;学生证未按时办理学校注册的;学生证优惠乘车区间更改但未加盖学校公章的;没有"火车票优惠卡"、卡不能识别或者与学生证记载不一致的。

(4) 伤残军人、因公致残警察可以享受动车组列车车票半价优惠。

中国人民解放军和中国人民武装警察部队因伤致残的军人凭"中华人民共和国残疾军人证";因公致残的人民警察凭"中华人民共和国伤残人民警察证"可购买半价动车组一、二等座车票。

(5) 动车组团体旅客票。

凡20人以上,乘车日期、车次、到站、座别相同的旅客集体乘坐动车组时为动车组团体旅客。对于团体旅客乘坐动车组时的优惠办法为:满20人时,给予免收1个人票价的优惠,20人以上每增加10人,再免收1个人的票价(团体旅客中有成人、儿童时,按其中票价高的免收),但每年春运期间(起止日期以春运文件为准)不予优惠。

(6) 儿童减价票。

随同成人旅行身高1.2~1.5 m的儿童乘车时,可购买半价客票、加快票和空调票(以下简称儿童票)。超过1.5 m时应购买全价票。每一成人旅客可免费携带身高不足1.2 m的儿童一名,超过一名时,超过的人数应购买儿童票。为确保儿童旅行的安全,承运人一般不接受儿童单独旅行(乘火车通学的学生和承运人同意在旅途中监护的除外)。儿童票的座别应与成人票相同,其到站不得远于成人票的到站。

5.2.3 退票的规定

(1) 旅客要求退票时,按下列规定办理,核收应退票价相应比例的退票费。

①在发站开车前,特殊情况可在开车后2 h内(出具医院开具的不能旅行的证明),退票。团体旅客必须在开车48 h以前办理。

②旅客开始旅行后不能退票。但如因伤、病不能继续旅行时,经站、车证实,可退还已收票价与已乘区间票价差额。已乘区间不足起码里程时,按起码里程计算。同行人同样办理。

中途站办理动车组列车退票的计算公式:

应退票价=原票价-(原票价÷原票里程×已乘区间里程)

③开车后改签的车票不退。

④必要时,铁路运输企业可以临时调整退票办法。

（2）因承运人责任致使旅客退票时按下列规定办理，不收退票费。

①在发站，退还全部票价。

②在中途站，退还已收票价与已乘区间票价差额，已乘区间不足起码里程时，退还全部票价。

③在到站，退还已收票价与已使用部分票价差额。未使用部分不足起码里程按起码里程计算。

④空调列车因空调设备故障在运行过程中不能修复时，应退还未使用区间的空调票价。

（3）发生线路中断旅客要求退票时，在发站（包括中断运输站返回发站的）退还全部票价，在中途站退还已收票价与已乘区间票价差额，不收退票费，但因违章加收的部分和已使用至到站的车票不退。

5.3 旅客的乘车条件

5.3.1 乘坐动车组列车的基本条件

（1）乘坐动车组旅客必须按票面载明的乘车日期、车次、席别乘车，在票面规定的有效期内到达到站。除特殊情况并经列车长同意的外，持低票价席别车票的旅客不能在高票价席别的车厢停留。

（2）为了确保广大旅客的人身健康和安全，对烈性传染病患者、精神病患者或者健康状况危及他人安全的旅客，站、车可以不予运送。车站发现以上人员时应告之铁路有关规定并对已购的车票按旅客退票的有关规定处理；列车上发现时，列车长编制客运记录交车站。对烈性传染病患者，在必要时，应通知铁路防疫部门处理污染现场。车站应退还已收票价与已乘区间票价的差额。

（3）对违反国家法律、法规，在站内、列车内寻衅滋事、扰乱公共秩序的旅客，站、车均可拒绝其上车或责令其下车，车站工作人员应将站内发现的和列车移交的上述旅客带出站外，情节严重的交由公安部门处理。

5.3.2 乘坐动车组列车的相关规定

（1）旅客不能按票面指定的日期、车次乘车时，应当在票面指定的日期、车次开车前办理一次提前或推迟乘车签证手续。持动车组列车车票的旅客改签当日其他动车组列车时，不受开车时间的限制。团体旅客不应晚于开车前 48 h 办理改签。

（2）旅客在发站办理改签时，改签后的车次票价高于原票价时，核收票价差额；改签后的车次票价低于原票价时，退还票价差额。

旅客办理中转签证或在列车上办理补签、变更席（铺）位时，签证或变更后的车次、席（铺）位票价高于原票价时，核收票价差额；签证或变更后的车次、席（铺）位票价低于原票价时，票价差额部分不予退还。

持普通铁路通票的旅客在中转站要求换乘动车组列车时，补收乘坐动车组列车区间原票票价与动车组列车票价差额。

注：动车组列车实行全程席位复用、票额共用。除一站直达动车组列车或最后一个停车站开车后，能确认有空闲座位时，方可办理有座席补票，否则动车组列车上不办理有座席补票。

（3）发生线路中断时动车组车票可以根据等候的日数办理改签，但不能办理有效期延长，也不能办理变更径路。

（4）办理推迟乘车手续时，推迟乘车的时间应当在车站售票的预售期内。

（5）乘坐动车组列车的旅客如中途下车，未乘区间车票失效。

（6）动车组列车车票当日当次有效。全程在铁路运输企业管内运行的动车组列车车票有效期由企业自定。

（7）持各种铁路乘车证允许乘坐动车组二等座，但必须办理签证后乘车。

5.4 不符合乘车条件的处理

为维护旅客运输秩序，保障旅客正常旅行，铁路规定了旅客乘车条件，对违反乘车条件的人员应区别情况，妥善处理。

5.4.1 有意违反乘车条件的处理

对有意识违反乘车条件的旅客和人员，除按以下规定补票，核收手续费外，铁路运输企业有权对其身份进行登记，并须加收已乘区间应补票价50%的票款。

（1）无票乘车时，补收自乘车站（不能判定时，从列车始发站）起至到站止的车票票价。持失效车票乘车时，按无票处理。

（2）持用伪造或涂改的车票乘车时，按无票处理，并送交公安部门处理。

（3）持用低等级的车票，乘高等级的列车、座席、卧铺时，补收所乘区间的车票票价差额。办理时应收回原票换发代用票。

（4）旅客使用减价票，没有减价凭证或不符合减价条件时，补收全价票价与减价票价的差额。办理时，收回原票换发代用票。

（5）持站台票上车在开车后 20 min 仍不声明或有意持站台票乘车时，则视同无票。

（6）旅客按指定日期、车次错后乘车超过 2 h，按车票失效处理。

5.4.2 特殊情况下违反乘车条件的处理

不符合乘车条件的旅客和人员，除按下列规定办理外，还应核收手续费。

（1）持站台票送客人员如已经上车来不及下车并及时声明时，应在最近前方停车站下车，补收所乘区间的票款。填发代用票时，事由栏应注：送人。

（2）确因时间仓促来不及买票，经车站发给补票证或特殊情况，经同意上车补票的应补收所乘列车的票款。持旅客乘降所发给的补票证，不收手续费。列车应填发代用票。

（3）应买票而未买票的儿童，补收儿童票款；超过 1.5 m 持用儿童票乘车时，应补收儿童票价与全价票价的差额。在填写代用票时，上述两项补收票款事由均为超高，办理第二项超高时，应收回原票。

（4）旅客未按票面指定的日期、车次乘车（含错后乘车 2 h 以内的），均应换发代用票。

5.5 误售、误购车票的处理

5.5.1 由于站名相似，口音不同而发生误售、误购的处理

由于站名相似，口音不同发生误售、误购车票时，按下列规定办理，不收手续费。

（1）在发站应换发新票。

（2）在中途站、原票到站或列车内发现：①应补收票价时，收回原票换发代用票，补收正当到站票价与已收票价的差额；②应退还票价时，站、车均应编制客运记录，连同原票交给旅客作为乘车至正当到站退还票价差额的凭证。

5.5.2 旅客误乘和坐过站的处理

（1）旅客误乘列车或坐过站时，列车长应编制客运记录交前方停车站。

（2）车站应在客票背面注明"误乘""坐过站，免费送回"字样，加盖站名戳，指定时间最近列车（国际列车除外）免费送回。

（3）误售、误购、误乘或坐过站的旅客，在免费送回区间，不得中途下车。如中途下车时，对往返乘车区间，按返程所乘列车等级，分别核收往返乘车区间的票价，核收一次手续费。

（4）由于误售、误购、误乘在原票有效期间不能到达正当到站时，应根据折返站至正当到站间里程，重新计算车票有效日期。

5.6 行程变更车票处理

旅客在乘车途中，要求变更座席、卧铺、列车等级的情况经常发生，由于变更类别较

多，办理的时间又比较紧迫，站车客运工作人员应从方便旅客的角度出发，积极主动地按规定予以办理。

5.6.1 变更座别、铺别

1. 因铁路责任发生变更

因铁路责任使旅客变更座别、铺别时，所发生的票价差额，按下列规定办理。

应补收的不补收；应退款时，列车长编制客运记录，到站退还变更区间的票价差额。

（1）已乘区间不足起码里程时，退还全程票价差额。

（2）变更区间不足起码里程时，按起码里程计算。

（3）已乘区间、变更区间均不足起码里程时，按已乘区间不足起码里程计算。

2. 旅客要求变更

为方便旅客，铁路可根据能力按下列规定办理座别、铺别的变更。

（1）变更低于原票等级的列车、铺位、座席时，不予办理。

（2）要求变更高于原票等级的列车或铺位、座席时，应收回原票，换发代用票，补收变更区间票价差额，核收手续费，不足起码里程时，按起码里程计算。

（3）持软座票要求使用硬卧时，应换发代用票，补收变更区间票价差额，核收手续费。

5.6.2 变更径路

变更径路（以下简称变径）是指同一发站，经过不同线路到达同一到站。

1. 变径的条件

（1）旅客在中途站或列车内，可办理一次径路的变更。

（2）办理变径必须在客票有效期间内能到达到站时，方可提出。

2. 变径票价的计算

（1）办理变径时，应收回原票、换发代用票，补收从分歧站起算的新、旧径路里程票款的差额，核收手续费。

（2）原票价高于或等于变更后的径路票价时，持原票乘车有效，差额部分（包括列车等级不符的差额）不予退还。

3. 径路里程相同的变径

变更径路，两个径路里程相同时，可在原票背面注明"变更径××站"，加盖站名戳或列车长名章，凭原票乘车。

4. 变径后客票的有效期

变径后客票的有效期，应从办理站起，按新径路的里程重新计算客票的有效期（在列车上办理时，尽量在经过分歧站的当天办理）。

5.6.3 越站

越站是指旅客在原票到站前要求继续乘车至新的到站。

1. 越站的条件
（1）列车在有能力的条件下，应给予办理。
（2）应在原客票到站前提出办理。

2. 越站的办理
办理时，应换发代用票，核收越站区间的票款（不足起码里程时，按起码里程计算）并核收手续费。

5.6.4 分乘

分乘是指两名以上的旅客共用一张代用票，要求分开乘车。为方便旅客应给予办理。办理分乘时，应换发代用票，按照新填发代用票的张数，核收手续费。

5.6.5 旅客旅行中发生两种以上变更的处理

旅客要求进行两种以上的变更时，应按下列顺序办理，核收一次最高额手续费。

（1）变径、变座：先办理变径，后办理变座。事由栏：变径、变座。
（2）变径、越站：先办理变径，后办理越站。事由栏：变径、越站。
（3）越站、变座（卧）：先办理越站，再按越站后的里程办理变座（卧）。
（4）分乘变更［变径、变座（卧）］：先分乘，后变更。分乘、变更同时发生时，按变更人数核收手续费，不再核收分乘手续费。事由栏：分乘、变更。
（5）减价不符、变更：先处理减价不符，后办理变更。事由栏：减价不符、变座（变径等）。
（6）过期、变座（卧）：先处理过期，后办理变座或发售卧铺（应通算）。事由栏：过期、变座（卧）。
（7）减价不符、过期、变更：先处理减价不符至过期站，再处理过期（核收全价）、最后办理变更。事由栏：减价不符、过期、变更。

【实训】

高速铁路列车票务处理实训

【实训目标】

（1）能够了解车票的作用与分类，售票与退票的相关规定。

（2）能够掌握旅客的乘车条件、不符合乘车条件的处理规定、行程变更车票的处理规定。

（3）培养初步的自主学习能力。

【实训内容与要求】

第一步：由教师介绍实训的目的、方式、要求，调动学生实训的积极性。

第二步：对学生进行分组，确定各小组的组长和人员分工，制订小组实训计划（了解团队要做什么，要达到什么目的）。

第三步：教师介绍高速铁路列车票务处理的相关知识和案例并布置讨论的问题。

第四步：各小组对教师布置的问题进行讨论，并记录小组成员的发言。

第五步：根据小组讨论记录撰写讨论小结。

第六步：各小组相互评议，教师点评、总结。

【实训成果与检测】

成果要求：

（1）提交案例讨论记录：3~5名学生一组，设小组长1人、记录员1人，每小组必须有小组讨论、工作分工的详细记录，以作为考核成绩的依据。

（2）能够在规定的时间内完成相关的讨论，撰写实训小结。

评价标准：

（1）上课时积极与老师配合，积极思考、发言。

（2）认真阅读案例、积极参加小组讨论、分析问题思路较宽。能结合所学知识解答问题。

（3）富有团队合作精神，积极参与小组活动。

项目 6

高速铁路乘务安全管理

【知识目标】

- 了解动车组客运安全管理的基本要求;
- 了解动车组列车各岗位消防安全职责;
- 掌握高速铁路突发情况应急处置规定。

【技能目标】

- 能够根据动车组非正常情况应急处置规定完成相关工作;
- 能够根据动车组突发安全故障的应急处置规定完成相关工作。

【学习重点及难点】

- 学习重点:动车组客运安全管理、消防安全管理。
- 学习难点:动车组非正常情况应急处置、动车组突发安全故障的应急处置。

【本章知识结构图】

- 动车组列车行车中断的应急处置
- 动车组列车发生晚点时的处置
- 动车组列车发生旅客误按紧急制动阀或吸烟报警按钮的应急处置
- 动车组列车临时停电的应急处置
- 动车组列车发生旅客集体拒绝下车的应急处置
- 动车组列车车门发生故障的应急处置
- 旅客或行李物品跌落在站台与车体之间的缝隙时的应急处置
- 动车组列车临时停靠低站台的应急处置
- 动车组列车空调发生故障的应急处置
- 临时更换车底的应急处置
- 座位号有误旅客的安排处置
- 列车重联后旅客上错车的应急处置
- 动车组发生故障组织旅客换乘的应急处置

（动车组非正常情况应急处置）

- 基本要求
- 车站安全
- 列车安全
- 餐饮、保洁安全
- 劳动安全

（动车组客运安全管理概述）

高速铁路乘务安全管理

- 动车组发生火灾、爆炸事故的处置
- 动车组列车发生旅客意外伤害的应急处置
- 动车组列车发生旅客突发疾病或因病死亡的应急处置
- 运行中车辆发生异常时的应急处置
- 动车组列车发生旅客食物中毒的应急处置
- 动车组列车上发现鼠疫、霍乱及其他国务院公布的传染病等重大疫情时的应急处置
- 动车组列车不能继续运行，旅客需下车等待救援时的应急处置
- 动车组列车运行中发生事故，旅客需紧急逃生时的应急处置

（动车组突发安全故障的应急处置）

- 动车组列车各岗位消防安全职责
- 动车组列车消防安全制度
- 一次出乘运行中防火工作作业程序

（消防安全管理）

思政课堂

着火高铁亲历者：乘务员安抚乘客"我会死在你前面"

2018年1月25日，一段小视频开始在朋友圈和微博刷屏，高铁列车浓烟滚滚，大批乘客正在转移。

一时间，"高铁着火了"的消息在网络上热议。

G281次列车运行至山东定远站时，因电器设备故障引发火灾。一位在场旅客描述了事情的经过：

动车起火，真的是百年难得一见。乘务员过了刚刚得知消息的慌张期后，马上进入状态，让我们所有人往后走。乘务组最初没有宣布着火的消息，仅仅是疏散乘客，向后方安全的车厢疏散。很多乘客不理解，在问"怎么了？为什么？"我听到乘务员说快走，我就二话不说，背上背包拿上水，扭头就走（拔腿就跑）。因为我也是直面客户的岗位，在遇到问题时，我们的第一反应往往不是告诉客户怎么了，为什么？而是本能地避开问题本身，直接给出解决方案。而且我们在处理问题时，不能慌，不能急，要表现出一切都在掌握中的样子，这样客户才会信任你，不会自己采取措施而是全权听你指挥！

乘务组做到了这一点。她们几个女人，没有慌乱，没有扩散这个容易引起恐慌的消息。你看她们的时候，你感觉可能只是一个小火灾，一个灭火器就能搞定的事情！

而她们眼里的慌张，你们没有看到，当她们每人抱着几个灭火器跑过去的时候，我看到了人性的光辉。真的，不经历这种事情，永远都无法感受到这种伟大！

当时车里有个乘客开了个玩笑，因为疏散，开始排队，后面的人一下子上不来，在后面的一个男乘客大喊"快跑啊，火烧过来了！"当时有一个乘务员抱着灭火器从旁边挤过去的时候。大声地对他说：你放心，你不会死的。因为我会死在你前面！！！

谢谢你们，不顾一切，挽救了一场灾难！

（改编自共青团中央微信公众号2018年1月27日文章《着火高铁亲历者：乘务员安抚乘客"我会死在你前面"》）

6.1 动车组客运安全管理概述

高速铁路旅客运输安全工作必须坚持"安全第一,预防为主"的方针,全面加强站车安全管理,树立高速铁路安全、快速、便捷、优质的品牌形象。

6.1.1 基本要求

(1) 时速 300 km 及以上的客运专线动车组列车和时速 200~250 km 的直通动车组列车不得超员;铁路局管内 200~250 km 的动车组列车一等座车不得超员,二等座车最高超员率为 20%。

(2) 动车组应当接入固定站台并停于固定位置。站车有关工种应当紧密配合,组织旅客按照车厢号在标明车门位置处排队等候,有序乘降。

(3) 当站台邻靠正线,一侧有动车组通过时,站台另一侧应当停止组织旅客乘降或设防护栏进行防护。当一个站台两侧同时有动车组在站台通过且没有防护措施时,除有人身安全防护措施的车站工作人员外,站台上不得再有候车旅客、其他工作人员和可移动物品。

(4) 有动车组停靠或通过的车站,应当对跨线候车室窗户或天桥进行封闭管理并有"禁止抛物"等相应的安全提示。没有立体跨线设备的车站,平过道应当有专人管理。旅客或作业车辆须通过平过道时,应当有人引导。

(5) 列车注水口处设有加锁式挡板门的动车组,上水人员在给列车注水结束后,应当锁闭挡板门并进行再确认。

(6) 列车乘务人员在列车运行中应当注意对列车安全设备进行管理,制止搬动、触碰安全设备等不安全行为。

(7) 列车各部位均不得吸烟。列车乘务员发现旅客吸烟应予以制止。

(8) 车站、动车段(所)对进站、段(所)的餐饮、保洁人员进行安全管理。餐饮、保洁人员出、退乘和进出上述场所时,应当着统一服装、列队、佩戴工牌。

6.1.2 车站安全

车站必须建立有效的安全、消防组织机构,建立、健全各项客运安全管理制度,对安全关键点有联防、联控措施,非正常情况有应急处置预案。

1. 危险品检查

(1) 车站对乘坐动车组列车的旅客及其携带的行李物品必须进行安全检查,安检工作由公安部门全面负责管理。安全检查如图 6-1 所示。

(2) 车站使用危险品检查仪实施安检工作。安检管理单位(部门)应保证安检设备技术状态良好,使用正常。安检人员必须经过岗位培训合格后持证上岗,执行职务时应佩戴《安全检查证》。

(3) 旅客拒绝接受检查或携带物品疑似为危险物品,但受客观条件限制无法认定其性

图 6-1 安全检查

质的,旅客又不能提供该物品性质和可以经旅客列车运输的检测证明时,车站有权拒绝其进站。

2. 旅客乘降安全

(1) 车站接发动车组列车时,乘降组织工作要严格落实岗位责任制,做到人定岗、岗定区、区定责。

人定岗:站台定人定岗,固定立岗位置。

岗定区:按人员岗位分工、划定安全管理责任管辖区域。

区定责:明确区域内的接送列车、旅客上下车宣传组织及安全防护引导责任。

(2) 客运人员在列车进站前要严格执行站台立岗制度,站车有关工种应当紧密配合,有序组织乘降。在客流较大时,要加强站台乘降组织力量。中途站应提前组织旅客在站台排队等候,并提示旅客不要越过安全线,发现旅客侵入安全线要立即制止,消除安全隐患。

(3) 车站在确保旅客绝对安全和动车组列车正点运行的前提下,可根据实际情况确定停止旅客检票进站的时间。站台客运人员要加强巡视,防止旅客抢上抢下、随车跟跑、攀爬车体,确保旅客安全。

(4) 加强安全宣传,防止旅客踏空掉下站台或陷入站台与车体之间的缝隙内。做到扶老携幼,照顾重点旅客。旅客持有较长杆状物品乘降时,要向旅客宣传将物品放置为平行状态,防止接触接触网触电。

3. 站台安全

(1) 站台客运人员必须及时清理站台,制止闲杂人员在站台逗留,做好"一车一清"

工作。

（2）非作业车辆严禁进入站台，作业车辆必须在站台边缘内不少于 3 m 处指定区域与站台平行停放并派人看守。

车站要定期对客运设施设备进行全面检查，并建立相关台账。发现问题及时向相关部门通报，迅速解决。

车站要在关键场所设置安全警示，防止旅客伤害事故发生；对跨线天桥、地道、电梯等安全关键点要指定专人实施监控管理；遇雨雪天气，应及时清除站台冰雪积水，采取防滑安全措施。

6.1.3 列车安全

（1）动车组列车始发前，列车长要与司机核对时间（以司机掌握时刻为准）、车次并调试通信设备。

（2）动车组始发、终到或中途停站时，列车长应做好旅客乘降组织，确认旅客乘降完毕，通知司机（或随车机械师）关闭车门。原则上不得二次开启车门，特殊情况下，征得司机同意，方可开启车门。

（3）加强动车组列车车厢巡视，防止旅客触动安全设备；列车正常运行中，严禁打开车门和气密窗；禁止无关人员进入司机室。

（4）电气化区段严禁攀爬车顶作业。

（5）检查、整理行李架，行李架上不得摆放铁器、利器，大件行李摆放在规定位置。

（6）动车组列车到站前应做好安全宣传，提醒旅客提前到车厢门口等候下车，先下后上，有序乘降。

（7）动车组列车的关键部位应设置安全警示标识，起到提醒和引导作用。动车组禁烟标识如图 6-2 所示。

图 6-2　动车组禁烟标识

（8）加强动车组列车车门管理。车门发生故障时，应立即采取安全防护措施。列车乘务人员紧急解锁前必须征得司机或随车机械师的同意，并及时复位，遇单个车门不能开启时，由工作人员引导旅客从其他车门乘降。

（9）加强动车组列车防火防爆管理。严禁乱接乱拉电线；电气设备使用前要进行检查确认，禁止违章使用超负荷的大功率电气设备。发生火灾、爆炸时，立即启动应急预案。

（10）每组动车组车底应配备 8 套防护网、4 个应急梯，当列车进入无电区或机车弓网故障时，列车乘务人员听从司机统一指挥，立即启动应急预案，做好列车防护、广播宣传等工作；当空调不能正常工作，通风失效时，列车长应及时与司机、机械师联系，开启部分车门，保持车内空气流通，同时在车门处安装防护网，设专人防护，严禁旅客上下车。

（11）动车组列车运行中出现故障必须启用热备车底时，若在车站换乘，以车站为主体，站车紧密配合，安全有序组织换乘；若在区间换乘，本务列车长作为负责人，要有序组织旅客换乘。

6.1.4　餐饮、保洁安全

（1）动车组餐饮、保洁单位必须设立安全管理机构和专（兼）职管理人员，履行对动车组餐饮、保洁工作的安全管理和监督、检查职责。

（2）动车组餐饮经营单位必须依据《中华人民共和国食品卫生法》及国铁集团、铁路局食品安全方面的相关规定，建立健全动车组餐饮安全的相关技术标准、质量标准和日常管理制度，确保餐饮食品卫生安全。

（3）动车组餐饮经营单位必须持有有效的《食品卫生许可证》，严格执行饮食卫生制度，严禁销售"三无"及腐烂变质食品，接受铁路食品卫生监督部门的检查。

（4）动车组餐饮、保洁人员在站、车作业时，必须遵守站、车相关管理规定，服从指挥，确保铁路行车安全。出退乘和进出车站、动车基地（所）时，应当着装统一，佩戴标识。

（5）餐饮、保洁工作人员必须持有健康证和上岗证，做到持证上岗；带电厨具和特种设备操作人员还必须经资格培训合格后方可上岗作业。

（6）餐饮、保洁工作人员必须严格按照设备操作规程进行操作，严禁随意开关、拆卸或损坏站车设施设备，要确保设备正常使用。

（7）站车应配备长效灭鼠、灭蟑、灭蝇设施，并定期进行"消、杀、灭"，蚊、蝇、蟑等病媒昆虫指数及鼠密度应符合国家规定。

（8）站段与餐饮、保洁公司签订安全质量协议，明确规定作业纪律、劳动安全及进站上车安全注意事项。

（9）随动车组入库的保洁人员，必须经动车基地（所）专业安全、保洁技术培训，考试合格后，持证上岗。入库后，要严格按照《动车组保洁作业规定》的要求进行作业。

6.1.5　劳动安全

为进一步加强劳动安全关键点的安全控制，预防职工伤亡事故的发生，应建立健全劳动安全关键点卡控体系，制定劳动安全措施。

1. 基本要求

（1）在上班前不得饮酒，在执行职务时，不得与他人闲谈或做与本职无关的工作。工作前,要充分休息,保证工作时精力充沛、思想集中。

(2) 在任何工作开始之前,均应首先检查使用的机械、设备和工具并明确工作有关事项,按规定穿好防护服。如有不安全现象,必须消除或采取安全措施后,方可进行工作。

(3) 在任何情况下,均不得在机车、车辆、机械设备的下面或有倒塌危险、靠近有毒气体和过分湿潮的地点休息、饮食、乘凉和避风雨。

(4) 严格遵守铁路运输秩序。在任何情况下,均不得"飞乘""飞降"机车或车辆。禁止在移动中的机车、车辆前方抢越线路。

(5) 在接近线路通行或横跨线路时,必须执行"一站、二看、三通过"的制度,应注意瞭望,确认无机车、车辆移动或列车驶近时,方准通行。在任何情况下,均不得抢越线路或在线路中心行走。严禁在道心、钢轨、枕木上站立、坐、卧、休息,也禁止走道心和枕木。

(6) 当遇恶劣天气时,要提高自我保护意识,严禁用衣帽、围巾遮盖耳目、妨碍视听。

(7) 在有电区(有接触网区域)工作或横穿接触网时,所持工具、物品应与接触网保持 2 m 的距离。

2. 上水作业

(1) 作业前按规定穿好防护服,戴好防护帽。

(2) 上水员要在股道中的规定位置立岗接送动车组,确认动车组停稳后,方准给动车组上水并于动车组开车前 3 min 完成作业。

(3) 上水员在作业中,身体要保持不侵入机车车辆限界,注意邻线机车、车辆运行,严禁坐卧钢轨、枕木。

(4) 相邻岗位作业人员相互监督,发现危及行车安全及人身安全的情况,要及时提醒和制止。

(5) 作业中严禁以车代步,严禁在机车车辆前抢越通过。

(6) 电气化区段上水人员不得向上洒水。

(7) 遇冰、雪天气,需穿防滑鞋防摔倒。上水作业如图 6-3 所示。

图 6-3 上水作业

3. 站台作业

（1）班前必须充分休息。严禁班前及班中饮酒和私自换班、替班。班中不准擅离工作岗位，按规定着装，佩戴有关防护用具。

（2）接送列车时应站在站台规定的安全线内，横跨股道时应走地下通道或人行天桥。

（3）在作业中或在站台接送旅客时，严禁接打手机或者查看手机信息，严禁戴耳机、耳塞。

（4）严禁在黑暗环境下开关电气设备，防止触电。站台客运员作业如图6-4所示。

图6-4　站台客运员作业

4. 站内机动车驾驶

（1）在站内驾驶机动车时，司机必须携带驾驶证、行驶证，不准驾驶与驾照规定的准驾车型等级不相符的车辆。

（2）严禁酒后驾驶车辆，驾驶室内不得超额坐人，不得在行驶时吸烟、饮食、攀谈、打手机或做其他有碍安全行车的事情。

（3）严禁超速行驶，站台行驶限速10 km/h，地道内行驶限速5 km/h。

（4）下地道时靠右行驶，通过地道、下坡转弯时要连续鸣笛，打转向灯及远、近光灯予以警示，防止车辆冲突和撞人，禁止在斜坡上停车。

（5）汽车进入站（库）内时，随车人员应乘坐在驾驶室内。在站台上及库内倒车调头作业时，须有专人进行引导防护。

（6）驾驶员离车前取下钥匙，拉紧手刹，变速器设在相应挡位，切断电路，锁好车门。

（7）发现机动车有异状或故障未修复前禁止上道。

6.2　消防安全管理

动车组的消防安全管理贯彻"预防为主，防消结合"的方针，坚持"铁路局统一领导、业务部门加强管理、专门机关指导监督"的原则,实行岗位防火责任制和标准化管理。

动车组的消防安全管理,由铁路车辆、客运、机务部门负责。各部门要认真贯彻执行上级有关消防工作的规定和工作部署,制定动车组消防管理规章制度及动车组火灾事故应急预案,落实消防安全责任制和岗位防火责任制,定期开展消防安全检查,及时发现和整改火灾隐患,开展消防安全教育培训,提高火灾预防和处置能力。动车组消防安全监察工作由安全监察部门负责;消防监督工作由公安部门负责。动车组消防安全检查如图6-5所示。

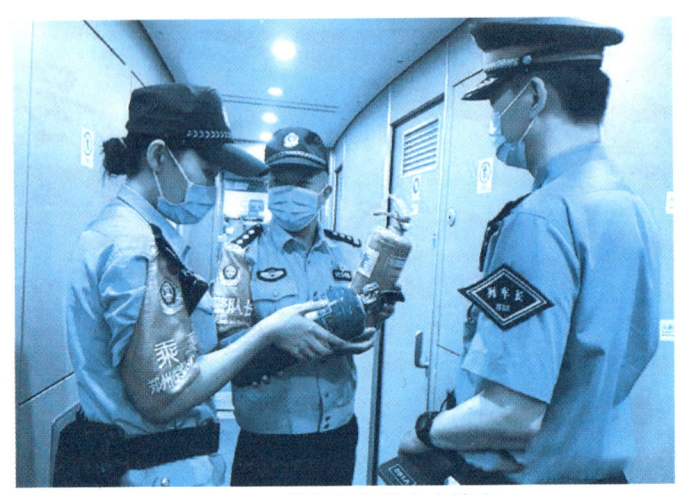

图6-5 动车组消防安全检查

客运部门的消防职责主要有:负责动车组运行中的消防安全管理;负责组织各动车组制定《动车组火灾事故应急预案》,明确乘务人员职责,并定期组织演练(动车组消防安全演练如图6-6所示);指导旅客正确使用安全设备;组织对旅客的消防安全宣传,加强动车组禁烟管理;负责组织易燃易爆危险物品查堵工作;组织"四乘"(列车长、随车机械师、司机、乘警)联检交接。动车组消防工作在列车长的统一领导下实行岗位防火责任制。

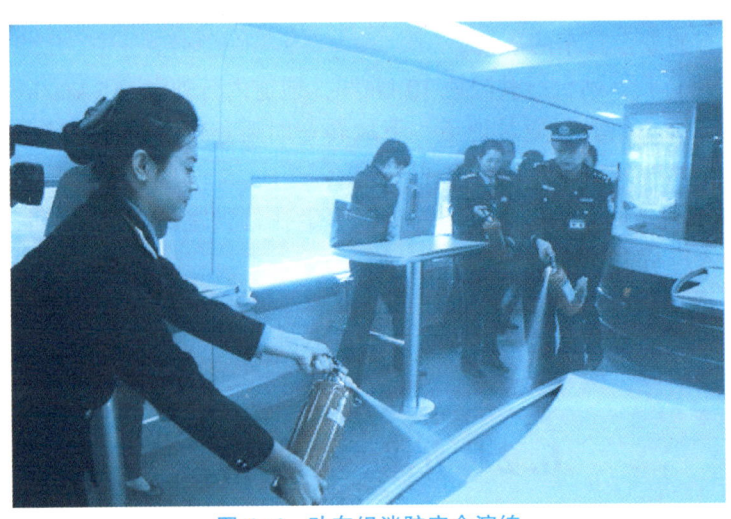

图6-6 动车组消防安全演练

6.2.1　动车组列车各岗位消防安全职责

1. 消防安全小组的职责

动车组应建立由列车长为组长，本务司机、随车机械师、乘警、客运乘务员、餐饮服务员、保洁员参加的消防安全小组，履行下列职责。

（1）认真贯彻执行上级有关消防工作的规定和工作部署，定期召开消防安全小组会议，总结分析消防工作。

（2）组织乘务人员认真学习消防知识，人人达到"三懂三会"（懂得本岗位火灾危险性、懂得预防火灾的措施、懂得扑救火灾的方法；会报警、会使用灭火器、会扑救初起火灾）。

（3）督促乘务人员落实岗位防火责任制。

（4）做好对旅客的防火安全宣传教育工作，落实易燃易爆危险物品查堵措施。

（5）建立消防安全台账。

（6）发生火灾时，启动火灾事故应急预案，疏散旅客，扑救火灾，报告火灾情况。

2. 列车长岗位防火职责

（1）全面负责动车组消防安全管理工作，贯彻上级有关消防工作部署，接受上级的消防安全检查。

（2）检查督促乘务工作人员落实岗位防火责任制。

（3）主持召开消防安全小组会议，总结分析、安排布置消防工作。

（4）组织乘务工作人员学习消防知识，提高防火、灭火技能。

（5）在动车组运行过程中进行防火巡查，发现和消除火灾隐患，制止违反消防管理的行为，并做好巡查记录。

（6）组织乘务人员向旅客宣传防火、防爆安全知识，做好禁烟、查堵易燃易爆危险物品工作。列车长向乘客进行消防安全宣传如图6-7所示。

图6-7　列车长向乘客进行消防安全宣传

（7）在动车组运行中发生火灾时，启动火灾事故应急预案，组织指挥乘务人员疏散旅客，扑灭火灾；及时向列车调度员及有关部门报告，协助公安、安监部门查明起火原因，组织恢复列车运行。

（8）按规定填写消防安全台账。

（9）参加联检交接。

3. 司机岗位防火职责

（1）认真执行操作规程，熟练掌握动车组设备的性能和应急处置方法。

（2）出库前做好联检交接，发现问题及时妥善处置。

（3）运行中做好电气设备、火灾自动报警控制设备的监控，发现问题按规定程序处置。

（4）发生火灾事故时，按火灾事故应急预案，立即报告列车调度员，指挥随车机械师、列车长处理有关行车、列车防护和事故救援等工作，负责控制有关型号动车组车门集控开关。

（5）做好动车组终到后退乘前驾驶室的安全检查和交接。

4. 随车机械师岗位防火职责

（1）出库前，按照作业标准检查、确认电气、消防设备状态，做好联检交接。

（2）在运行中，按规定巡视、检查车辆电气、火灾自动报警控制器等设备，发现隐患、故障，及时妥善处置。

（3）发生火灾时，按火灾事故应急预案及时通知司机采取停车措施或使用紧急制动阀停车；在司机指挥下做好有关行车、列车防护和事故救援工作，负责有关型号动车组的开关车门操作。

（4）按规定操作动车组设备，指导客运服务人员正确使用设备，制止、纠正违章行为。

（5）做好动车组终到后的安全检查和交接。

5. 客运乘务员岗位防火职责

（1）严格遵守动车组消防安全规章制度，服从命令，听从指挥，坚守岗位，落实防火措施。

（2）认真巡视车厢，及时制止旅客吸烟。客运乘务员进行禁烟宣传如图6-8所示。

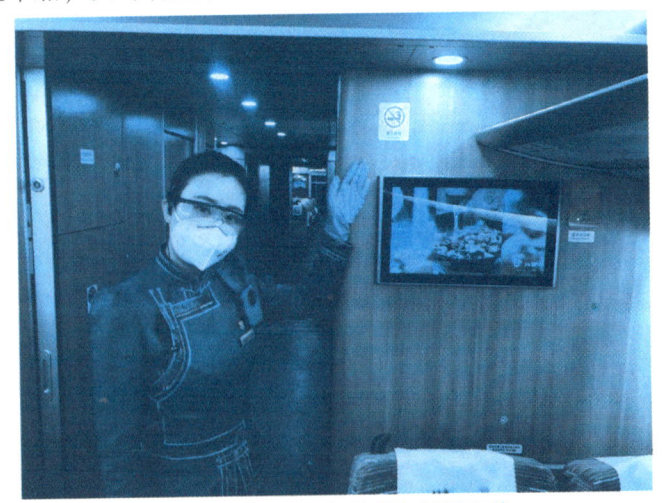

图6-8　客运乘务员进行禁烟宣传

(3)列车运行中,监视电气设备、火灾自动报警显示屏时,要严格执行操作规程,发现报警及故障,及时向列车长或随车机械师报告。

(4)学习消防知识,达到"三懂三会",熟练掌握火灾应急处置预案。

(5)发现易燃易爆危险物品,及时报告列车长并做好前期处理。

(6)发生火灾时,按火灾事故应急预案立即通知列车长和司机,及时疏散旅客,扑救初起火灾,维护秩序,保护旅客安全。

6. 乘警岗位防火职责

(1)依照有关消防法律法规的规定,负责动车组消防工作的监督检查,查处违反消防管理规定的行为,督促乘务人员落实岗位防火责任制。

(2)做好动车组运行中的巡视、检查,一旦发现隐患,督促整改。乘警在餐吧车检查消防安全如图6-9所示。

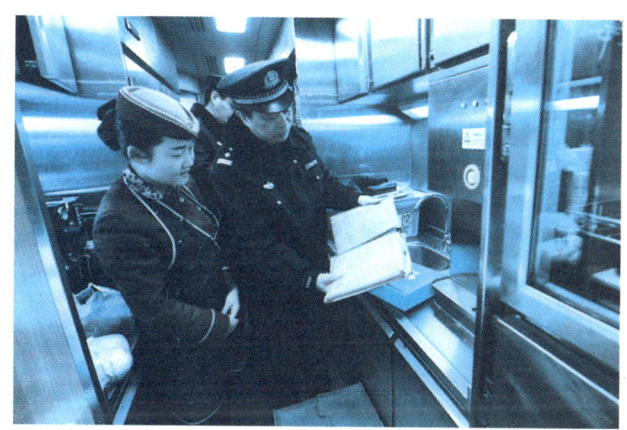

图6-9 乘警在餐吧车检查消防安全

(3)发生火灾时,在列车长的领导下,按照火灾事故应急预案做好火灾扑救、现场保护和调查取证工作。

7. 随车餐饮服务员、保洁员岗位防火职责

(1)遵守动车组消防管理规定,服从命令,听从指挥,坚守岗位,严格按操作规程使用电气设备。

(2)学习消防知识,达到"三懂三会",熟练掌握火灾事故应急预案。

(3)发生火灾时,按火灾事故应急预案立即通知列车长和司机,及时疏散旅客,扑救初起火灾。

6.2.2 动车组列车消防安全制度

(1)严格执行联检制度。动车组出库联检时,由运用所质检员组织联检,应对电气设备、消防设施等设备及各部位的消防安全状况进行全面检查,确认状态良好,按规定办理交接。终到后,随车机械师按规定办理交接。动车组运行中乘务人员应严格进行标准化作业,认真执行岗位防火责任制。

(2) 车厢内设置禁止吸烟标志。

(3) 应通过图形标志、电子显示、广播宣传等方式,向旅客进行禁止吸烟、严禁携带易燃易爆危险物品、逃生知识、灭火器使用方法、紧急破窗锤使用方法等消防安全宣传。

(4) 车辆部门应制定动车组消防设备、电气装置的操作规程。

(5) 客运、车辆、机务、公安等部门对担当动车组乘务的工作人员进行消防安全培训,熟悉消防新技术的特点和消防新设备的性能,掌握各岗位防火职责和消防知识技能,经考试取得合格证后方可上岗。

(6) 配电柜的箱体未破损,锁闭状态良好,保持清洁无杂物。各元件安装牢固、接线及插销未松动,按钮开关、指示灯作用良好。

(7) 餐车配备的冰箱、电烤箱、微波炉、电磁炉等电器及各车厢的电茶炉插座、插头安装牢固,保持清洁,周围不得放置杂物。餐饮炉具使用时,操作人员不得离岗,做到人离断电。

(8) 火灾自动报警系统保持状态良好,并按规定进行定期检测。

(9) 乘务人员应严格遵守电气设备、消防设备操作规程,加强巡检,发现故障及时处置。

(10) 各车厢应配备手提式干粉灭火器和水型灭火器各2套,应放置在车厢两端适当位置,安装牢固,便于取用。驾驶室配备二氧化碳或干粉灭火器1套,固定放置在便于取用的位置。

(11) 灭火器应由专业维修企业,按照国家有关规定定期进行检查、维修,张贴维修标志,并在灭火器筒体上"涂打"到期时间(××××年××月到期)。干粉、二氧化碳灭火器维修期限为1年,水型灭火器维修期限为3年。检查灭火器有效期如图6-10所示。

图 6-10 检查灭火器有效期

(12) 加强灭火器日常维护、保养和管理工作,保证其处于良好状态。灭火器应保持清洁,严禁搭挂物品,严禁挪作他用。

(13) 发现有旅客违章携带易燃易爆危险物品,要采取措施妥善处理。对判明不了性质的物品，严禁在车上进行试验。

（14）严禁用水冲刷地板和电气设备，严禁用湿布擦拭电器和在电气设备上放置物品，作业人员在车上作业时严禁吸烟。

（15）车组出库后停留期间，由动车组停放所在局负责安排人员在地面看守，看守人员不得上车。车辆部门要制定动车组车底看守制度，落实看守责任，防止发生火灾事故。

（16）动车组运行途经的铁路沿线各车站及动车段、所应加强消防设施建设，具备扑救动车组火灾能力。

（17）办理动车组旅客乘降的车站，要落实易燃易爆危险物品查堵措施，严禁旅客携带易燃易爆危险物品进站上车。

（18）各有关单位和部门应加强动车组消防安全检查，及时发现和消除火灾隐患，确保动车组消防安全。

6.2.3　一次出乘运行中防火工作作业程序

1. 列车长一次出乘运行中防火工作作业程序

（1）做好始发出库前的安全联检。会同随车机械师、乘警从动车组尾部巡视至头部，重点检查灭火设备、安全锤、饮水机、照明、空调等设备情况是否良好，并做好检查记录。

（2）始发巡视。列车始发后，列车长从列车尾部开始巡视车厢，检查旅客物品摆放、保持通道畅通，确认饮水机已加水和餐饮电器等电器设备状态，对违章吸烟旅客进行制止和劝阻。

（3）途中巡视。在单程途中对车厢进行安全巡视不少于两次，在进行到站交接、查验车票等工作的同时，要注意督促乘务员巡视车厢防火工作情况和饮水机、电源插座使用情况，杜绝饮水机无水使用或其他违章用电情况的发生。

（4）终到联检。全体旅客下车后，从列车尾部开始，检查灭火器材、安全锤、饮水机、照明、空调等设备情况是否良好，并做好检查记录。

（5）终到入库联检。终到后，随车入库，检查灭火器材、安全锤、饮水机、照明、空调等设备状态，检查是否按操作规程进行终到处置，并做好检查记录。

2. 本务司机一次出乘运行中防火工作作业程序

（1）动车组司机在进行出乘前的交接时，要对动车组驾驶室进行全面的防火检查，检查情况记录在司机手册上。

（2）确认驾驶室灭火报警装置及消防器材作用良好、有效。

（3）驾驶室内严禁吸烟，严禁无关人员擅自进入，严禁摆放与工作无关的任何物品。

（4）在运行过程中的正常情况下，非操纵端各操纵开关、手柄、驾驶室门和窗均应置于断开位或锁闭，防止外部火源进入车内。

（5）在运行途中司机要认真执行动车组防火有关规定和司机岗位防火职责，随时注意驾驶室内设备运行状态，发现异味要立即检查和判断，发现火情应立即通知列车长启动火灾应急预案，以便迅速处置和扑救。

(6) 在退乘前要对驾驶室进行防火安全检查，检查情况与动车组运用所地勤司机办理交接。

3. 随车机械师一次出乘运行中防火工作作业程序

（1）动车组出库前，在列车长组织下与乘警按各自职责分工开展联检，从动车组尾部巡视至头部，对设备技术状态、消防设施情况进行检查确认。

（2）发车后，在车内进行一次巡视检查，重点检查列车运行动态和车内主要服务设施技术状态、各配电柜门锁闭及消防设备状态。

（3）运行中，在乘务室，通过车载信息系统监视列车运行及设备工作情况，及时填写运行记录，发现故障及收到报警时，按规定程序处理，并做好记录。

（4）客运服务人员报告设备故障时，及时赶赴现场处理，并做好故障记录。

（5）全体旅客下车后，从动车组非主控司机室巡视至主控司机室，检查车内设备技术状态、消防设备情况，发现故障进行处理并做好记录。

（6）入库联检。列车终到后，会同列车长、乘警入库联检，从动车组尾部巡视至头部，对设备技术状态、消防设施情况进行检查、确认。

4. 乘务员一次出乘运行中防火工作作业程序

（1）始发前检查。巡视车厢，检查车厢内灭火器材、安全锤、饮水机，照明、空调等设备情况是否良好。

（2）始发后巡视。列车始发后巡视车厢，做好禁烟宣传，检查旅客物品摆放情况，保持通道畅通。

（3）途中巡视。随时掌握电气设备、火灾自动报警显示屏和车内防火工作动态，杜绝违章用电、吸烟和饮水机无水通电。发现防火问题和设备故障及时向列车长报告。

（4）列车终到前 30 min，巡视车厢，做好宣传工作，防止旅客遗留火种。

（5）终到巡视。旅客下车后，巡视车厢，发现问题及时向列车长汇报。

5. 乘警一次出乘运行中防火工作作业程序

（1）始发前参加出库联检，会同列车长、随车机械师进行始发前联检，确保用电设备、设施及消防设备性能良好。

（2）始发后，从列车尾部至头部开展安全巡视、做好宣传防范。

（3）各停靠站到站前 15 min，乘警应在车厢内巡视检查，重点检查防火不安全因素，及时制止违章吸烟。

（4）列车停车时，乘警应反复巡视，检查车窗情况，注意阴暗部位的防控，组织人员对全车进行一次清查。

（5）列车终到前 30 min，乘警应在车厢不间断巡视，注意旅客动态和行李物品情况。同时，利用列车广播提醒旅客注意客车防火，杜绝遗留火种。

（6）列车终到下客之后，乘警从列车尾部至头部开展安全检查，发现问题及时处置，并做好记录。

6. 随车餐饮服务员、保洁员一次出乘运行中防火工作作业程序

（1）始发前，对餐车配备的冰箱、电烤箱、微波炉、电磁炉等电器进行全面检查，检查插座、插头是否安装牢固,确认性能良好,并向列车长报告。

(2)列车运行途中,用电设备保持清洁,周围不得放置杂物,不得使用湿布擦拭用电设备。

(3)餐饮炉具使用时,操作人员必须随时注意观察炉具的工作状态,遇有电器故障应立即通知随车机械师进行处置,并及时向列车长报告。

(4)用电设备使用过程中,操作人员不得离岗,做到人离断电。

(5)终到后,按操作规程对餐饮炉具进行断电处置,确认安全无误,并向列车长报告。

6.3 动车组非正常情况应急处置

6.3.1 动车组列车行车中断的应急处置

(1)发生行车中断,列车不能继续运行时,列车长应及时与司机或列车停留地车站值班员、铁路局调度员联系,随时掌握晚点时间、原因、预计到达时间等情况,做到心中有数。并及时向旅客做出解释,如实说明晚点的时间和原因,并通过广播向旅客表示歉意。

(2)发生线路中断,列车不能继续运行时,列车乘务员要加强车厢巡视,安抚旅客,向旅客做好解释和服务工作的同时,维护车内秩序,保证车内治安情况良好。

(3)如停留时间长,列车长应组织好对旅客的服务、饮食供应等工作,尽最大的努力为旅客提供方便,满足旅客的合理需求。

(4)列车停在车站的时间过长时,车站站长应组织力量协助列车长安抚旅客,旅客下车活动时,应将旅客组织到安全地带,确保旅客安全。

(5)列车长应积极与铁路局调度员联系,汇报车内情况,尽早恢复开车,线路中断列车不能继续运行时,对中途下车、退票、绕道的旅客,按章办理相关业务。

6.3.2 动车组列车发生晚点时的处置

1. 广播致歉

动车组列车发生晚点时,列车长要及时与司机联系,了解晚点原因和列车运行情况,晚点 15 min 以上,及时通过广播向旅客致歉,通报晚点原因时严格按照国铁集团、铁路局规定的通报用语解释,每次广播致歉词间隔时间为 30 min。

2. 加强巡视

列车广播致歉后,列车长不得以任何理由回避旅客,要加强对车厢的巡视,做好宣传解释工作,掌握旅客动态,平息旅客不满。

3. 耐心解释

列车乘务员要加强车厢巡视,做好宣传解释工作,不发牢骚,不得使用服务忌语。

4. 主动服务

列车长要组织列车乘务员做好旅客服务工作,通过服务消除旅客的不满,取得旅客的谅解。

5. 报告情况

动车组列车发生晚点，列车长要在第一时间向领导汇报，晚点超过 30 min 的，列车长要及时与所在铁路局客运调度员和停留站车站值班员联系，报告车内情况，请求协助解决。

6. 了解需求

列车长要及时了解旅客的需求，对需中转换乘其他列车、民航航班，以及有紧急公务、商务事项的旅客，要认真、详细、准确登记，并按规定与车站办理交接手续。

7. 反馈信息

列车长要将车内旅客动态和现场处理情况，随时与段领导保持联系，遇有新闻记者时，处理要谨慎。

8. 交站处理

当旅客提出赔偿或要求退票时，依照铁路规章做好解释工作，必要时列车长可编制客运记录交站处理。在为旅客服务时，注意做好以下工作。

（1）对于提出质疑的旅客，列车长要会同乘警耐心做好解释工作，说明原因，拉近感情，取得旅客的谅解。

（2）对于旅客提出因列车晚点，签订经济合同的时间被延误，导致合同流产等情况，要求赔偿损失时，列车长要对列车无权给予旅客经济赔偿的规定进行耐心解释，可适当提出换乘建议。

（3）对于要求退票的旅客，在列车上不办理退票。对已到达目的站的旅客，会同车站耐心做好晚点解释工作。如遇较大事故，长时间晚点，开车时间不能确定，旅客中途提出终止旅行时，及时协调车站对滞留旅客进行安排处理，按当地车站确定的方案，组织旅客办理退票手续，列车协助做好宣传工作。

（4）其他特殊情况的处理。旅客要求列车出具晚点证明时，原则上不出具证明。如旅客反复提出，强烈要求，列车长可做简单文字说明，内容仅限："××××年××月××日，××次列车晚点××小时××分"。加盖列车长名章，出具文字说明所用纸张不得使用客运记录和电报纸。

6.3.3 动车组列车发生旅客误按紧急制动阀或报警按钮的应急处置

（1）动车组列车发生旅客误按紧急制动阀时，乘务员应了解情况，根据信息系统的显示，及时将紧急制动阀复位，遇旅客误按报警按钮时，列车长第一时间到场确认。

（2）通过车载电话向司机说明情况，说明停车原因。

（3）连同乘警了解当事旅客姓名、地址、身份证号码、联系电话和事情经过，并形成详细的书面记录。

（4）及时了解停车后旅客情况，发生旅客意外伤害时按照因意外造成旅客伤害处理。

（5）及时向单位领导汇报。

6.3.4 动车组列车临时停电的应急处置

遇有动车组列车临时停电时，乘务员应立即打开通风口，保证车内空气流通，遇停电时间长，导致车厢内空气混浊，有可能导致旅客窒息时，随车机械师、乘务员必须采取措施，保证车厢内空气流通。必要时，在停车情况下，可打开车门，此时，列车乘务员必须在车门口值守，旅客不得下车。遇夜间临时停电时，严禁明火照明。如不能及时修复，应通知司机立即通知就近车站并报告列车调度员，听候命令。

6.3.5 动车组列车发生旅客集体拒绝下车的应急处置

（1）车站在接到因动车组列车晚点旅客集体拒绝下车的信息时，车站站长（副站长）及有关车间干部要立即赶到现场，了解情况，亲自指挥，立即组织部署客运、公安部门增加人员接车。

（2）公安部门在接到车站通知后，要立即组织力量到现场维持秩序。

（3）动车组列车晚点到达后，车站应组织有关人员向旅客做耐心的解释工作，尽快组织旅客下车出站，对拒绝下车的旅客，全力做好劝说工作，请旅客下车到专门地点进行处理。

（4）列车工作人员应协助车站工作人员做好说服解释工作。

（5）因晚点造成旅客没有赶上所乘列车时，车站安排人员及时为旅客按章办理改签、退票手续。

（6）旅客因晚点集体拒绝下车的处理情况，车站应及时向客运调度员汇报，同时向铁路局客运处汇报。

（7）发生旅客滞留列车时应注意以下问题。

①发生旅客以滞留列车的方式向铁路部门要求晚点或空调故障赔偿时，站车工作人员应当以说服劝解、诚恳道歉为主，耐心细致地做好解释工作和相关法律法规的宣传工作，稳定旅客情绪，化解旅客怨气，力争取得旅客的理解和配合。

②公安部门要积极配合客运部门，认真开展滞留旅客的说服工作，争取旅客的理解和支持。同时，要向旅客宣传法律知识，告知可以通过其他合法渠道和方式维护合法权益，劝说旅客听从车站工作人员的安排到指定地点协商解决，并协助车站工作人员引导旅客下车。

③公安部门在全力协助过程中，严禁携带枪支。客运部门在宣传和说服旅客离开车厢时，现场应有公安人员维持秩序，经反复工作劝离无效时，公安人员应宣布《关于严禁旅客滞留列车维护铁路运输秩序和安全的通知》，并组织足够的公安警力，对拒不下车的人员依法采取措施带离车厢。对煽动旅客滞留车厢和扰乱列车治安、破坏铁路运输秩序，用暴力手段对抗执法的个别人员，要认真调查取证，依法追究法律责任。劝阻中要依法依规，有理有节，文明执法。

6.3.6 动车组列车车门发生故障的应急处置

（1）列车到站，司机操作开门按钮后，要从司机室显示屏上确认全列车门是否"释放"打开，如未"释放"，及时使用对讲机通知列车长，列车长通知各车门监控人员使用三角钥匙采取本地操作的手动模式打开车门。

（2）列车到站如发生个别车门未自动开启，且监控人员使用三角钥匙手动开门无效时，监控人员及时使用电台通知列车长，并宣传引导旅客到相邻车门下车。列车长接到汇报后，立即和司机联系，并与随车机械师赶到现场处理。随车机械师确认车门故障一时无法修复时将该门隔离并通知列车长，此后各停靠站均引导旅客到相邻车门上、下车。随车机械师确认车门修复后告知列车长，列车长确认旅客乘降完毕后通知司机发车。

（3）列车开车如遇有车门未自动闭合时，比照上面两条处置程序办理。

（4）因车门故障导致旅客越站时，列车长按规定与车站办理交接，无须下车处理后续事宜。

（5）因车门故障导致旅客无法正常上下车时，由列车长、乘警、列车工作人员配合，认真开展宣传、安抚工作，劝导旅客保持冷静、看好行李、听从站车工作人员的指挥。

6.3.7　旅客或行李物品跌落在站台与车体之间的缝隙时的应急处置

旅客或行李物品跌落在站台与车体之间的缝隙时，乘务员、列车长、随车机械师应立即通知司机和车站客运值班员，救助旅客或使用专用工具取出行李物品。完毕后，按规定程序关门。如物品掉落站台，确认不危及列车安全时，可待列车出发后由车站处理。

6.3.8　动车组列车临时停靠低站台的应急处置

（1）动车组列车进站前或已知列车在中间站变更到发线停车（在低站台停车）时，乘务员应认真进行车门瞭望，确认站台位置和车站采取的应急措施后，打开车门，之后乘务员要先行下车立岗，方可组织旅客乘降，保证旅客安全。

（2）遇特殊原因，列车无站台停车或列车尾部未靠站台停车时，乘务员要先确认邻线无列车通过、无危及人身安全障碍物和车站采取了应急措施后，在有车站工作人员接车的一侧组织旅客乘降，打开车门后乘务员要先行下车立岗，保证旅客安全。

6.3.9　动车组列车空调发生故障的应急处置

列车运行中发生空调故障，相关人员应迅速通知随车机械师及时处理。故障无法修复时，列车长、乘务员应及时向旅客说明情况，诚恳致歉，做好宣传、解释工作，在有条件的情况下，组织旅客到其他车厢就座继续旅行，及时掌握车厢旅客动态，照顾好重点旅客，妥善解决旅客困难，稳定旅客情绪，维护车内秩序。无法调整时，列车长按规定拍发电报、编制客运记录，通知车站办理有关手续。

6.3.10　临时更换车底的应急处置

1. 车底热备

（1）车辆、客运段要做好热备车底的检修和乘务组织工作。热备车底待命期间，必须保证设施设备完整、齐全、作用良好，卫生整备达标，列车满水，并准备好随车备品、票据、餐料等物品，做好随时出乘的准备。

（2）铁路局调度所要掌握旅客列车热备车底情况，动车组列车由动车调度员负主要责任，其他列车由客运调度员负主要责任。动车调度员和客运调度员要掌握热备车底的车种、型号、编组、定员、停放地点和热备乘务人员等情况，确保热备车底在规定的时间内出动。

（3）旅客列车更换车底的命令，由客运调度员发布。当接到上级关于启动热备车底的调度命令或指示后，应及时向有关部门、站段发布命令。

2. 票务准备

（1）为保证使用非动车组热备车底替换动车组开行工作顺利进行，铁路局客运部门应将非动车组热备车底替换动车组开行旅客列车的车次、编组、席位、定员、票价等数据提前输入客票系统，车站应按票价差额备足零钱，随时做好退还原票和发售新票的准备工作。

（2）接到非动车组热备车底替换动车组的开行命令后，始发站、中途办理客运停车站应立即组织收回动车组旅客原票，换发新票并退还旅客票款差额。旅客要求改乘其他列车时，车站应及时办理改签手续，并尽可能地改签为有席位车票。退票、改签不收手续费。

（3）使用非动车组热备车底替换动车组开行旅客列车时，站车要认真组织验票，严禁持其他车次车票的旅客上车，特别是持停运动车组车票的旅客，必须换发新票后方可上车。

3. 列车处理

列车长接到临时性设备故障，列车需要更换车底的命令后，按照调度员要求，尽快通知乘警、随车机械师、保洁、餐饮、司机、乘务人员做好相应准备。

（1）列车长做好甩挂车的组织工作，积极与站方联系，掌握动车组列车热备车底情况，了解热备车底抵达时间和停靠站台，通过广播第一时间将列车的真实情况，具体时间通知全体旅客，取得旅客的谅解与配合，并通知旅客有需要赶车、换乘可到车站改签或退票，以免耽误旅客的时间。

（2）客运乘务员要深入车厢全面做好旅客情绪安抚工作，备用车底到达后快速组织旅客安全乘降，提示旅客拿好随身携带品，旅客乘降完毕后，乘务员对车厢进行彻底巡查，防止旅客物品遗漏，保证尽快开车。

旅客座位的安排本着"先安排一等座车旅客再安排二等座车旅客"和"先到先安排"的原则，对一等座车旅客尽可能安排在热备车的一等座车中，不能安排时，应将其安排在有座位的二等座车或餐车就座，同时编制客运记录交到站退还差价。

无法安排入座的旅客原则上安排改签，若旅客自行要求乘车，应向旅客说明：只能安排无座乘车。遇有旅客情绪激动，不配合列车长工作的，列车长要做好耐心的解释工作，必要时向有关领导汇报并采取相应措施。

（3）乘警协助维持秩序并进行旅客携带品检查；随车机械师负责与司机联系并保证信息畅通；保洁员协助乘务员将保险柜、清扫工具、消耗品（杂志、服务指南、清洁袋、洗手液、卫生工具）转移到热备车底上定型摆放；餐饮服务人员将食品、套餐等定型摆放。

（4）列车开车后，列车长要带领全体乘务人员深入车厢安抚旅客情绪，说明原因，介绍情况，通过感情上的沟通，尽可能地关心旅客，请求旅客的谅解。

（5）列车长及时将车内旅客情况在第一时间向上级有关部门汇报。

6.3.11 座位号有误旅客的安排处置

（1）遇有重号的旅客，应认真核对两位旅客的车票，如果确认是重复的座位号码，应先向旅客致歉，听取两名旅客的意见，观察哪一名旅客有想调换其他座位的意向。

（2）乘务员应及时报告列车长，列车长根据旅客人数判断同等级车厢是否有空座，尽量安排旅客尽快就座。不要让旅客自行在车厢内找空位就座，以免造成旅客座位再次冲突而引起不满甚至导致投诉等。

（3）车内旅客较多，不便当时处理的，乘务员可以帮助后到的重号旅客提拿行李，到服务间内稍加等候，等全部旅客上车后，让后到的重号旅客在相同等级的车厢选择空余座位入座。

（4）确定旅客人数不是很多的情况下可征求旅客的意见，是喜欢坐靠过道还是靠窗户的座位，尽量满足旅客要求。

（5）如在开车后发现车站售票系统故障导致售票错误（重号、超票额售票）时，应利用剩余座位对误售旅客进行妥善安置（可不受车厢、席别限制），主动向旅客做好解释工作，并向铁路局调度员汇报。

（6）属于售票系统发生较大故障不能正常按票额发售有座位票，导致旅客乘车秩序混乱（无座位车票、无票人员较多时），列车长要以大局为重，积极与车站联系，组织列车工作人员（必要时可请乘警、保洁人员协助），对旅客进行疏导，安排座位，要首先保证重点旅客的安置。遇车内出现严重问题或局面不好控制时要及时向铁路局汇报。

6.3.12　列车重联后旅客上错车的应急处置

由于列车重联，两列动车组中间不相通，有的旅客因急着赶车在站台上会就近上车，当发现中间不通但又没有时间赶过去时，乘务员应先安抚旅客情绪并通过电台向列车长汇报，如开车前不能保证旅客安全到达另外一列动车组时，可根据旅客的车票安排本列的同等座席。在列车到达中间站停车前请旅客提前到 8 号或 9 号车厢的尾部或头部门口等候，到站时由 8 号或 9 号车厢乘务员协助该旅客到另一列车。

6.3.13　动车组发生故障组织旅客换乘的应急处置

1. 组织旅客换乘要求

（1）需组织旅客下车换乘其他旅客列车时，列车长应及时、准确地向运行所在局客运调度员、本局客运调度员、段调度室值班员报告列车车次、运行区段、当前所处位置、担当段、车内人数、重点旅客人数、旅客情绪、旅客需求、列车所采取的措施、措施效果如何、需要上级解决的问题等，及时获取上级指示。

（2）列车长在接到司机转达的所在地客运调度员命令，需组织旅客换乘时，应尽快向段调度室及动车组车队汇报，接受指示，尽快组织换乘。

（3）组织换乘应在车站站台进行，车站与列车一起组织旅客乘降。必须在站内正线或区间组织旅客下车或换乘时，需铁路局总调度长批准，同时要做好安全防护，以防发生意外。

（4）根据高低站台的情况，做到八个到位：开门数量决策到位；车内宣传组织到位；安全防护到位；换乘列车的引导安置到位；乘降的扶老携幼到位；重点旅客的重点照顾到位；换乘完毕旅客人数及财务的清点到位；服务备品及票据票款的转移到位；原车底的看守安排到位。

(5) 开车后续服务等方面的安排，要细致严谨，确保各个环节有序可控，服务到位，尽可能帮助旅客解决实际困难，消除旅客不良情绪，减少旅客列车故障对旅客运输造成的影响。

2. 组织换乘的作业要求

(1) 动车组发生故障在区间或站内停留时，列车长应与司机、随车机械师联系，了解故障情况，并通过广播向旅客通告和致歉。列车长应听从司机指挥，处理有关行车、列车防护和事故救援等事宜。

(2) 列车长与司机保持联系，接到司机下达故障列车旅客换乘后续列车的命令后，迅速向乘务员传达上级命令指示，及时利用广播（停电无广播时由乘务员在车厢中部位置）向旅客致歉，并讲清楚换乘时间和安全注意事项，取得旅客对换乘工作的支持。

(3) 随车机械师负责做好跨越线路的临线防护工作；司机向运行所在局客运调度员汇报，并及时向列车长转达所在局客运调度员的指示；乘警、乘务员、保洁员、餐饮服务员做好宣传解释、安抚致歉，以及需换乘的人数清点和安全防护工作。

(4) 列车与后续列车停靠同一站台时，在车站站长（无站长时为客运负责人）的指挥下，可以提前组织旅客上站台等候，后续列车到达停稳后，乘务人员协助车站组织旅客有序上车。

(5) 横过股道组织旅客上站台换乘后续列车时，列车长必须取得车站同意，按规定时间，在车站站长（无站长时为客运负责人）指挥下，组织旅客有序地到站台等候上车。

(6) 在邻股道门对门组织旅客换乘后续列车时，严禁打开车门让旅客下车到股道上等候，必须在后续列车到达停稳后，方可组织换乘。换乘时，乘务班组要与赶到现场的所在地的车站工作人员、公安干警协调配合，在车站领导的统一指挥下，打开车门组织旅客换乘，并负责维护车内秩序，转运换乘时间原则上不超过 30 min。

(7) 旅客换乘完毕后，故障车列车工作人员要将工具梯收好交予随车机械师定位存放。同时，对打开的车门进行复位，并关闭车门。

3. 启用热备动车组，组织旅客换乘的应急处理

(1) 动车组运行途中遇故障无法修复时，启用热备动车组救援，组织旅客换乘。车站应尽量安排两列动车组在同一站台，以方便旅客换乘。

(2) 列车长要组织全体乘务人员向旅客做好宣传解释工作，安抚、稳定旅客情绪，维持车内秩序，指导旅客做好换乘准备。

(3) 先安排一等座车的旅客换乘，再安排二等座车的旅客换乘。按座号顺序安排，避免拥挤。一等座车的旅客安排不完，可以安排到二等座车或餐车就座，对这部分旅客需编制客运记录交车站办理，并退还票价差额。

(4) 热备动车组定员少于故障动车组实际人数时，余下安排不了的旅客，原则上安排改签；旅客自行要求乘车的，向旅客说明可以安排无座位乘车。

(5) 对安排不了的旅客和旅客自愿不乘车的，可以在车站办理退票，不收手续费。

4. 启用非热备动车组替换动车组，组织旅客换乘的应急处理

(1) 由客运调度员通知原动车组车次改为特快或快速列车的车次和开车时间。

(2) 车站应指定专人到指定地点引导旅客办理收回动车组车票、换发新客票并退还票价差额。

（3）旅客换乘时，持有停运动车组列车车票的旅客，必须换新车票才能上车。乘务员要认真验票，严禁持其他车次车票的旅客上车。

6.4 动车组突发安全故障的应急处置

6.4.1 动车组发生火灾、爆炸事故的处置

1. 动车组列车运行中发生火灾、爆炸事故的应急处置

列车乘务人员应当立即采取紧急措施，按下火灾报警按钮或使用紧急制动阀停车（不得停在长大坡道、桥梁、隧道内，以及油库和重要建筑物附近），将旅客紧急疏散到安全车厢，有防火隔断门的迅速关闭防火隔断门，并将情况报告司机、列车长及乘警。司机和列车长应当迅速启动应急预案。

需疏散旅客下车时，应当通过电台联系随车机械师或司机打开车门，有序组织下车。列车长要在第一时间向所在铁路局客运调度员报告，请求救援。

2. 动车组列车发生火灾、爆炸事故停车后的应急处置

（1）向邻近车厢、地面安全疏散旅客。列车停车后，司机应立即打开侧门或由随车机械师、乘务人员启动侧面紧急开门装置打开侧门，向地面安全地带疏散旅客。车内产生浓烟危及人员生命安全时，应立即使用安全锤击碎侧窗玻璃，保持车内通风，必要时可利用侧窗作为紧急出口，向地面疏散旅客。

（2）由于动车组列车车门距地面较高，在区间向车下疏散旅客时，乘务人员应提醒、引导旅客，防止旅客摔伤。在车站疏散旅客时，应尽量向有站台的方向疏散旅客。

（3）保护现场，协助救援部门灭火。列车乘务员要采取措施，维护现场秩序，防止发生混乱，视情况设置警戒区，禁止实施救援以外的人员进入现场，不得擅自移动现场任何物品，对事故现场痕迹、物证等有关证据材料要采取有效措施妥善保管。救援部门到达后，列车长要详细介绍事故原因、火势、人员伤亡、疏散情况，协助救援部门灭火。

3. 发生火灾事故后的报告内容

（1）事故发生的年、月、日、时、分。
（2）事故发生的地点（线别、区间、公里、米、机车停车位置）。
（3）列车车次、种类、动车组型号、所属段别、牵引辆数等。
（4）事故概况及原因的初步判断。
（5）人员伤亡情况及动车组损坏情况。
（6）是否需要消防车、救护车。

4. 动车组列车发生电器火灾后的应急处置

动车组发生电器初始火灾时，最先发现、到达现场的乘务员应立即关闭电源，使用灭火

器灭火。动车组乘务员应立即按下火灾报警按钮或使用联络呼叫设备、电台通知全体乘务员。全体乘务员立即到达现场，在列车长的统一指挥下集中所有的人员或灭火器材，根据火灾现场实际情况，采取有效的灭火方案和扑救措施展开扑救，控制火势，扑灭火源。

注意，用水不能扑灭以下火灾：（1）汽油、煤油等易燃液体着火不能用水扑灭，因为这些物质密度比水小，又不溶于水。（2）发生电器火灾不能用水扑灭，因为水有导电性，用水灭火会触电伤人。（3）遇水燃烧的物质（如金属钾、纳和电石）发生火灾时不能用水扑灭，因为这些物质遇水分解会产生可燃气体，加剧燃烧。（4）精密仪器、贵重文件起火不能用水扑灭，因为水会损坏这些物品。列车在运行中，旅客携带的物品突然发生起火应做如下处理：在火势没有蔓延的情况下，可先用车厢的水往起火物上浇，直至将火彻底扑灭。

同时应注意两点：（1）能不动用灭火器时应尽量不用，防止扩大损失，造成惊慌。（2）不得将起火物抛出车窗外，防止车外风大，又将起火物吹回来，扩大火势。

5. 动车组列车在车站发生火情后的旅客疏散办法

发生火情后，在扑救的同时，乘务员应迅速、有序地指挥旅客向邻近的车厢疏散或组织旅客下车，解救被火围困的旅客。对已经疏散的旅客，严禁其返回事故车厢。

6. 动车组列车发生火灾爆炸后的善后处理

（1）列车长要认真了解伤员人数及伤害程度，登记旅客姓名、性别、年龄、单位、地址、车票、身份证号码、其他证件及随身携带物品，并做成详细记录，为车站处置善后事宜提供依据，做好准备。

（2）乘警要及时进行调查取证，证据材料要客观翔实，为现场勘察、认定火灾原因创造有利条件。乘务员要积极协助公安人员了解情况，提供线索，协助公安机关调查事故情况。

（3）列车长要将掌握的伤亡情况和旅客财产损失情况及相关记录，及时移交车站，以便车站尽快处理善后事宜。

6.4.2　动车组列车发生旅客意外伤害的应急处置

（1）列车长要利用配备的急救药箱，安排红十字救护员进行初步救护。

（2）遇旅客受伤害、伤情较严重时，及时通过广播寻找医务工作者帮助救治。如伤情严重，需联系要点停车时，列车长要及时通知司机向调度所请示，在最近具备医疗救治条件的前方车站临时停车，车站应立即做好救治准备工作。

（3）遇旅客意外死亡时，调度所要通知车站联系当地卫生防疫部门，对列车进行消毒等卫生处理。

（4）列车长应详细了解旅客受伤的经过，收集不少于两份以上的有效旁证材料，旁证材料上需有旁证人的姓名、工作单位、实际居住地址、联系方式、身份证号码。如有医务工作者参与救治的，要有描述抢救经过的书面材料，留下医务工作者姓名、单位、联系方式、身份证号码备查。

（5）列车长编制客运记录将受伤或死亡旅客，连同车票、携带品一并交车站处理，列车乘务人员不下车参与处理。因故未及时移交相关材料的，可在三日内向受理车站补交。

（6）列车长要会同乘警勘查现场，收集旁证物证，调查旅客受伤、死亡原因，根据有效证件确定伤亡者姓名、单位、住址。

（7）因列车紧急制动、遭外来石击、第三者责任等造成旅客受伤害时，列车长、列车乘务员应检查旅客伤情，通过车载广播寻找医务工作者，组织救治，采取临时安全防护措施。收集不少于两份的有效旁证材料，并向随车机械师了解紧急制动、遭外来石击发生区间，机车号，担当司机的司机编号，按规定拍发电报。属于第三者责任、应留下责任者姓名、单位、地址、联系电话、身份证号码。如旅客需下车治疗，列车长应编制客运记录连同旁证材料一并交站处理。

（8）旅客人身伤害系斗殴等治安或刑事案件所致，乘警应与站警办理案件交接。列车长要编制客运记录移交车站，同时拍发事故电报。

（9）列车工作人员发现无人护送的精神异常旅客时，应立即报告列车长、乘警。列车长应指定专人看护，乘警协助处理，并编制客运记录移交前方三等以上停车站。

（10）有人护送的精神病旅客，列车长应向护送人强调安全注意事项，并予以协助。精神病旅客不准单独行动，离座时必须有同行人护送。精神异常旅客狂躁发作威胁他人人身安全或有自残行为时，乘警要依法对其采取措施，进行约束。必要时列车长要编制客运记录移交前方停车站处理。

（11）列车长要及时将有关情况报告客运段。

6.4.3 动车组列车发生旅客突发疾病或因病死亡的应急处置

在动车组列车运行过程中，遇有旅客突发疾病或因病死亡时，列车乘务人员必须本着"以人为本"的服务理念，全力以赴予以救治。

（1）列车运行途中遇有旅客突发疾病时，列车乘务人员应立即报告列车长，广播寻找医务工作者，列车长立即赶到现场，会同医务工作者实施急救。详细记载旅客基本情况、病情、急救过程，留下医务工作者姓名、详细地址和联系方式备查。

（2）必须临时停车抢救时，列车长通过司机向所在铁路局列车调度员报告情况，请求临时停车。停车前列车长做好编制客运记录等相关工作。列车临时停车后，列车长将患病旅客及同行人、携带的行李按规定交站处理。

（3）如发生有同行人的旅客因突发疾病死亡时，列车长应及时向同行人了解其与死者的关系，死者的死亡原因，形成书面记录，检查旅客遗物，收集不少于两份以上的旅客有效旁证材料。旁证材料上需有旁证人的姓名、工作单位、实际居住地址、联系方式、身份证号码。通过车载电话联系司机逐级汇报，由列车长开具客运记录，将遗体、遗物及同行人交列车前方停车站处理，并按规定拍发电报，通知有关部门上车进行简易消毒。

（4）发生无同行人的旅客因突发疾病死亡时，列车长应向实施抢救的医务工作者了解初步诊断的病情、死亡原因等有关情况，形成书面材料，留下医务工作者的诊断书、姓名、地址和联系方式等有关情况，形成书面记录。及时收集不少于两份的旅客有效旁证材料，详细记录死者在旅途中的有关情况，收集死亡旅客的车票和携带品，进行清点并认真保管。列车长通过车载电话向司机通告，由司机通报到站和有关防疫部门，到站停车后，由列车长开具客运记录，将有关材料、遗体、遗物交列车前方停车站处理。并按规定拍发电报，通知有关部门上车进行简易消毒。

（5）处理完毕，列车长应立即向单位领导汇报。

（6）终到后，通知车站联系卫生防疫部门上车进行全面、有效的防疫、消毒处理。

6.4.4 运行中车辆发生异常时的应急处置

动车组列车在运行过程中，发现车辆出现异常现象时，列车乘务员应立即通知随车的车辆部门技术人员进行紧急处理。

1. 异声应急处理办法

听到车辆走行部有拖、拉、击打声，上下振动声，连续摩擦声等异声时，乘务员应立即向列车长汇报，通知随车机械师。列车长、随车机械师应立即赶到现场，迅速判断，不需要立即停车时，由司机通知沿途车站加强监控。

2. 异状应急处理办法

遇有车辆突发剧烈上下跳动、车体剧烈摇摆、连接处明显下垂、走行部有剧烈连续的摩擦震动声等异状时，列车乘务员应立即通知列车长、随车机械师。列车长、随车机械师迅速赶到现场检查确认。危及列车运行安全时，应立即使用紧急按钮通知司机停车。遇一时不能修复，但不影响行车安全的故障，由随车机械师临时处理并监护列车运行，通知前方车站列检员处理。

3. 异味应急处理办法

遇有车辆发生烧焦，橡胶、塑胶熔化等产生的异味时，乘务员应立即通知列车长、随车机械师。列车长、随车机械师要迅速赶到现场检查确认，根据异常气味情况，采取相应措施并及时处理。

6.4.5 动车组列车发生旅客食物中毒的应急处置

（1）动车组列车发生旅客食物中毒事件，列车长应立即联系司机，由司机向调度员报告。报告内容包括：日期、车次、运行区段、发病时间、地点、病人主要症状、发病人数（包括危重人数和死亡人数）、可能引起中毒的食物、要求车站采取的措施等。

（2）同时编制客运记录将食物中毒旅客交最近前方停车站送当地有救助能力的医院进行抢救。

（3）保护现场。稳定旅客情绪，封存可疑食物、呕吐物样品（如旅客食用过列车出售的食品、饭菜，应立即停止出售可疑食物），等待卫生监督人员到场检验。

（4）调查取证。应向发病人、周围旅客及有关工作人员调查发病原因及食用的食物，收集两份以上的发病人证明材料及旁证材料，收集有关工作人员材料一份。

（5）运行途中列车长根据掌握的情况及时向上级有关部门汇报，听取指示要求。返程后写出书面报告，连同有关取证材料一并上交。

6.4.6 动车组列车上发现鼠疫、霍乱及其他国务院公布的传染病等重大疫情时的应急处置

(1) 列车长必须立即向铁路局客服调度员和上级主管部门报告。客服调度员通知铁路局劳卫处、客运处和铁路卫生防疫部门。报告内容包括：日期、车次、时间、运行地点及患者主要症状、所在车厢顺号、旅行目的站和密切接触人员简况等。

(2) 需停站抢救时，列车长向调度员请求在最近具备医疗救治条件的车站停车。调度员核实情况后通知列车和省级卫生行政部门指定的下交站，下交站联系当地卫生防疫部门做好救援准备。卫生防疫部门接到报告后，应采取措施指导、处理疫情。

(3) 列车对传染病人、疑似病人和密切接触者立即实施隔离，紧急疏散其他旅客。

(4) 列车要采取封锁已经污染或者可能污染的区域、禁止向外排放污物等卫生处理措施。

(5) 列车在指定的停车站将传染病人、疑似病人和密切接触者及其他需要跟踪观察的旅客和资料物品移交车站，车站向卫生防疫部门办理移交。

(6) 站车积极配合现场的医疗单位和卫生防疫部门开展工作。

6.4.7 动车组列车不能继续运行，旅客需下车等待救援时的应急处置

(1) 调度所立即启动疏散救援方案，并封锁邻线区间。

(2) 调度所通知司机，司机通知列车长和随车机械师，做好组织旅客下车等待救援的准备。同时，调度所要通知公安局指挥中心，公安局指挥中心通知就近公安派出所民警赶赴现场。

(3) 列车长将列车工作人员分成3组，每组负责1个疏散舷梯（或安全渡板）的安全防护，打开靠线路外侧车门，将疏散舷梯（或安全渡板）放置牢固、平稳后，按照车上1人、车下2人的安排，组织旅客有序下车，防止旅客摔伤。

(4) 列车工作人员组织旅客沿线路外侧向安全地带撤离，将旅客安置在安全地带等待救援，同时做好安全宣传、引导。公安乘警负责在旅客疏散转乘过程中的防护、警戒工作。列车长应随时与司机保持联系，听从调度员统一安排。

(5) 遇在隧道内疏散时：①列车长应安排客运乘务人员（原则上为男性）与乘警各自携带通信、照明工具，手动解锁、打开运行方向左侧（反方向运行时为右侧）指定的车门，并分别沿隧道内的疏散通道，到就近的开关箱开启照明，开启后迅速返回列车。列车长（或随车机械师）负责车门的开关和防护。②旅客下车完毕，列车工作人员引导旅客沿安全线路有序走出隧道。

(6) 旅客需下高架桥等待救援时：①通知事故就近地点公安派出所民警赶赴现场，打开指定疏散梯，并在桥上等待，引导旅客下桥，做好事故现场的安全保卫工作，同时将疏散梯的打开情况报告公安指挥中心。公安指挥中心及时将处置情况反馈调度所。②调度所确认现场疏散梯的位置、方向、距离，通知司机转告列车长和随车机械师。③当接到高架桥疏散梯打开的通知后，由列车长组织旅客向指定疏散梯处有序疏散。

6.4.8 动车组列车运行中发生事故，旅客需紧急逃生时的应急处置

（1）列车停车后，在车门能正常开启时，列车长立即通知司机，由司机打开所有靠线路外侧的车门；在列车断电、司机无法操纵打开车门时，由列车长组织列车工作人员手动解锁开门。

（2）列车长迅速组织工作人员按照分工，在每个车门处进行防护，组织旅客下车。

（3）在车门不能正常开启时，列车长迅速通过广播（因断电无广播时，由列车工作人员在车厢中部位置）向旅客宣传疏散程序、安全注意事项，并迅速组织旅客使用安全锤击破紧急逃生窗，组织旅客撤离车厢。

（4）事故中发生人员伤亡时，列车长要及时安排专人救助。

（5）所有旅客撤离车厢后，列车工作人员组织旅客沿线路外侧向安全地带转移，将旅客安置在安全地带等待救援，同时做好安全宣传、引导。乘警负责在旅客疏散过程中的防护、警戒工作。

（6）应急处置后，列车长应及时向客服调度员汇报，客服调度员接事故报告后，立即组织开展后续救援工作。

【实训】

高速铁路乘务安全管理实训

【实训目标】

（1）能够掌握动车组乘务安全管理的基本要求。

（2）能够掌握动车组消防安全规定。

（3）能够掌握高速铁路突发情况应急处理的程序。

（4）培养初步的自主学习能力。

【实训内容与要求】

第一步：由教师介绍实训的目的、方式、要求，调动学生实训的积极性。

第二步：对学生进行分组，确定各小组的组长和人员分工，制订小组计划（了解团队要做什么，要达到什么目的）。

第三步：教师介绍高速铁路乘务安全管理的相关知识和案例并布置讨论的问题。

第四步：各小组对教师布置的问题进行讨论，并记录小组成员的发言。

第五步：根据小组讨论记录撰写讨论小结。

第六步：各小组相互评议，教师点评、总结。

【实训成果与检测】

成果要求：

（1）提交案例讨论记录：3~5名学生一组，设小组长1人、记录员1人，每小组必须有小组讨论、工作分工的详细记录，以作为考核成绩的依据。

（2）能够在规定的时间内完成相关的讨论，撰写实训小结。

评价标准：

（1）上课时积极与老师配合，积极思考、发言。

（2）认真阅读案例、积极参加小组讨论、分析问题思路较宽。能结合所学理论知识解答问题。

（3）富有团队合作精神，积极参与小组活动。

项目 7

高速铁路乘务服务管理

【知识目标】

- 了解服务标准的基本要求；
- 掌握动车组列车服务规范。

【技能目标】

- 能够根据服务标准来完成乘务服务；
- 能够根据动车组列车服务规范来完成相关工作；
- 能够根据旅客运输服务工作技巧来完成相关工作；
- 能够根据客运服务质量管理规定来完成相关工作。

【学习重点及难点】

- 学习重点：服务标准的基本要求、动车组列车服务规范。
- 学习难点：旅客运输服务工作技巧、客运服务质量管理。

【本章知识结构图】

乘务服务工作原则
- 乘务服务工作的主要内容
- 乘务服务要求
- 乘务服务的指导思想
- 乘务服务的总体要求
- 服务工作质量要求

乘务服务标准
- 基本要求
- 铁路客运职工的职业道德
- 礼仪规范要求
- 文明礼貌服务
- 五提倡，八不准

高速铁路乘务服务管理

> 思政课堂

高铁乘务员的春运故事

提醒旅客注意安全，帮助旅客放置大件行李，在本子上记下重点旅客的情况，提醒旅客注意下车时间……2021年1月30日，春运第三天。在成都东开往西安北的D1922次列车上，成都客运段北线动车队列车乘务员胡程程的忙碌未曾停止过。"一个班下来，每天回家脚都是肿的"，90后乘务员胡程程说，每天她都要站七八个小时，8节车厢能走出两万多步来。

问及胡程程自2017年参加工作以来，有几个大年三十是在家过的，她歪着头想了半天，最终还是摇了摇头。随着春运大幕的拉开，1992年出生的胡程程和D1922次列车的其他4名工作人员一起，进入了"高铁时间"。

在春运期间，根据工作安排，胡程程将要值乘成都东开往西安北、秦皇岛、烟台、上海虹桥等方向的列车。清晨5点钟起床，5点50分到达成都东站学习文件、清点出乘携带的资料物品，再列队上站台接车、迎接旅客，直至列车驶向西安北站。接车后的30分钟里，全车5名工作人员要完成8节车厢的卫生检查及其他整备工作，再迎接乘客安全上车。列车启动，胡程程和同事们开始了车厢巡查，每20分钟走动一次，主要检查行李有没有超出行李架，有没有乘客把重物放在小桌板上，车厢是否整洁，等等。胡程程风趣地形容：她和姐妹们的工作是在"奔走"。按照要求，每到一站，她们都要例行巡视车厢。在间隔1小时的车站间，她们需要检查3次。推算下来，在整个值乘的车程中，她们至少要巡车36次以上。胡程程说，自己的"高铁时间"几乎就和"站立时间"差不多，早上5点起床到接近夜里十二点下班，除了吃饭，超过80%的时间都在站着。

有人调侃说，如果在白天给一个成都客运段的"动妹"发条微信，凌晨才收到回复是再正常不过的了。事实上，列车运行中"动妹"是不允许使用手机的，凌晨拖着疲惫的身体回到公寓，很多人根本来不及拿出手机进行回复就睡着了。而休息的时间里，绝大多数"动妹"的选择都是睡个昏天黑地。今年常态化疫情防控下的春运与往年不同，虽然客流减少，但铁路部门坚持落实落细各项疫情防控措施不放松。胡程程和同事们会定时开展旅客测温，对车厢重点部位进行预防性消毒，提醒旅客规范佩戴口罩……2021年的春运才刚刚开始，胡程程说不论今年大年三十是在工作岗位上，还是在家，她都希望旅客们出行平安，这也是她每趟工作的心愿。

（改编自央视网2021年2月2日文章《高铁乘务员的春运故事》，作者：苏志刚、李锴）

7.1 乘务服务标准

铁路旅客运输应坚持"人民铁路为人民"的服务宗旨，树立"以人为本，旅客至上"的服务理念，实现安全正点，方便快捷，设备良好，站容整洁，饮食卫生，文明服务的质量目标。

7.1.1 基本要求

（1）铁路旅客运输工作应做到"全面服务、重点照顾"。对旅客的不同需求提供相应的服务，对重点旅客做到"三知三有"：知座席、知到站、知困难，有登记、有服务、有交接。

（2）对所有旅客应做到"三要、四心、五主动"：接待旅客要文明礼貌，纠正违章要态度和蔼，处理问题要实事求是；接待旅客热心，解答问题耐心，接受意见虚心，工作认真细心；主动迎送旅客，主动扶老携幼，主动解决旅客困难，主动介绍旅客须知，主动征求旅客意见。

（3）列车到站前，车站应及时通告车次、停靠站台，工作人员提前到岗，做好接车准备，并组织旅客等候上车；列车停站时，与列车办理交接，对重点旅客重点照顾，组织旅客有序乘降，引导旅客出站；列车开车后，及时清理站台，保持整洁。

（4）确保站房设施齐全，作用良好，方便旅客乘降。

7.1.2 铁路客运职工的职业道德

（1）勤恳敬业：做到工作勤奋、业务熟练。
（2）廉洁奉公：做到公道正派、不徇私情。
（3）顾全大局：做到团结协作，密切配合。
（4）遵章守纪：做到服从命令，执行标准。
（5）优质服务：做到主动热情，细心周到。
（6）礼貌待客：做到行为端庄，举止文明。
（7）爱护行包：做到文明装卸，认真负责。

7.1.3 礼仪规范要求

（1）乘务人员在工作中，应穿着规定的统一服装，仪容整洁，精神饱满，佩戴规定的标志。禁止浓妆艳抹、佩戴首饰。客运人员仪容如图7-1所示。

（2）对旅客讲话时应态度和蔼，音量适宜，使用普通话，服务语言表达规范、准确，口齿清晰。

运用"请、您好、谢谢、对不起、再见"等文明用语。对外籍旅客可使用英语。

对旅客、货主称呼得体、恰当。统一称呼时为"各位旅客、货主"；个别称呼时为"同

图 7-1　客运人员仪容

志""小朋友""先生""女士"等。

（3）应认真倾听旅客讲话，不得随意打断，正在行走遇有旅客问话时应停下来，面向旅客站立回答。夜间在卧车不得喧哗。

（4）行走、站立姿态要端正，在旅客多的地方走路时，要先打招呼，不得硬挤硬撞，不与旅客抢道、并行，与旅客走对面时要主动示意让路。旅客为自己让路时，应表示谢意。

（5）进包房要先敲门，应允后方可进入，离开时，应退步出包房。夜间在卧车作业、走路、关门要轻。

（6）组织旅客上、下车时，不得强拉硬拽。清扫时，不得将清扫工具碰触旅客及其物品，移动旅客物品时，应事先征得旅客同意并对旅客的配合表示谢意。

7.1.4　文明礼貌服务

（1）对不同种族、国籍、民族的旅客应一视同仁，热情友好，不卑不亢，不该问的不问，不该说的不说。尊重民族习俗。

（2）在工作中，对旅客的配合和支持应表示谢意；遇有工作失误之处，应向旅客、货主表示歉意，不得强词夺理。

（3）给旅客、货主造成损失或发生旅客意外伤害（包括列车移交），要本着认真负责的态度，以公正、诚实、守信的原则，按规定及时妥善处理。

（4）列车晚点要及时通告，超过 30 min 时，向旅客、货主道歉，列车长要代表铁路通过广播道歉，并积极做好服务工作。

（5）在旅客面前不得吸烟、吃东西、剔牙齿和出现其他不文明、不礼貌的动作。

（6）客运人员在接班前和工作中不食用葱、蒜等有异味的食品。客运人员礼貌迎客如图 7-2 所示。

图 7-2 客运人员礼貌迎客

7.1.5 五提倡，八不准

1. 五提倡

(1) 提倡奉献精神，勤奋工作。
(2) 提倡顾全大局，团结协作。
(3) 提倡文明服务，礼貌待客。
(4) 提倡文明作业，爱护行李。
(5) 提倡遵章守纪，见义勇为。

2. 八不准

(1) 不准污辱、打骂、刁难旅客。
(2) 不准以车、以票谋私，敲诈勒索，索贿受贿。
(3) 不准贩运、倒卖商品。
(4) 不准私带无票旅客和违章物品。
(5) 不准乱涨价、乱收费、乱补票（费）、乱罚款。
(6) 不准违章违纪，玩忽职守。
(7) 不准野蛮作业。
(8) 不准偷拿私分餐料，优亲厚友，特殊照顾。

7.2 乘务服务工作原则

7.2.1 乘务服务工作的主要内容

乘务服务工作包括车厢服务工作、列车广播工作和餐饮供应工作。

1. 车厢服务工作

始发站检票前，乘务员应做好各种准备工作，严守车门，扶老携幼，迎接旅客，验票上车。乘务员要为上车旅客安排座席。开车后，乘务员按作业过程进行工作，服务态度应主动热情，语言文明、准确，举动稳重、大方，处理问题机动、灵活、实事求是。到站前及时准确通报站名，组织旅客安全上下车。车厢服务工作如图7-3所示。

图7-3　车厢服务工作

2. 列车广播工作

列车广播工作的主要任务是介绍铁路安全、旅行常识及沿线的名胜古迹；正确及时地做好站名及中转换乘通告；按时转播中央人民广播电台的《新闻和报纸摘要》节目以宣传党的路线、方针、政策；为活跃旅客的旅行生活适当播放一些文娱节目。列车广播员应根据旅客心理及客流特点对乘务中各区段、各区间的播音内容作出详细安排，经列车长审查批准，按计划执行。

3. 餐饮供应工作

车站要做好旅客列车的给水工作，确保列车车辆的饮用水满足旅客的需要。列车应保证有足够的开水或安全饮用水供旅客饮用。

饮食供应工作的基本任务是保证广大旅客在旅行中饮食的需要，保证饮食卫生，不断提高服务质量，为旅客旅行及国际友人友好往来服务。工作中要认真执行"全面服务、重点照顾"的原则，尊重少数民族和外籍旅客的饮食习惯和禁忌避讳。餐车要认真贯彻执行食品卫生方面的法律法规，加强食品采购、保管、加工、销售等环节的管理，严防食物中毒。

餐车供应工作根据列车运行时间，实行一日三餐的供应制度，以具有特色的快餐为主，有条件的可供应冷饮、夜宵及其他商品。面向市场，采取灵活的经营方式，参与市场竞争，只有这样，才能满足旅客不同消费水平的需要，获得良好的经济效益和社会效益。餐饮供应工作如图7-4所示。

7.2.2　乘务服务要求

旅客购票上车，就确立了铁路与旅客之间提供运输服务的责任关系，铁路要安全地将旅客运送到目的地。在这个运输过程中，对动车组服务工作提出如下要求。

1. 主动工作

动车组乘务人员配备得少，1名列车长和若干名乘务员，要做很多工作，如正确使用车

图7-4 餐饮供应工作

内设备，维护车内秩序，保障运行安全，协助搞好餐饮供应，保持清洁卫生，做好广播宣传，照顾重点旅客，帮扶残疾人等，工作量大，因此必须主动去做工作。

2. 周到服务

动车组国内乘客多以商务、公务客流为主，年龄构成以中青年为主，他们有一定的文化素养、品位高。动车组车票价格比其他列车高，要求动车组列车提供的设备、服务要比其他列车好，为旅客服务的水平应该是一流的服务水平，高于其他车次列车。这就要求乘务人员的文化、思想、职业道德、敬业精神等综合素质要高，服务观念要强，要有处处为旅客着想，真心、用心为旅客服务的理念，做到热情、温馨、周到服务。乘务员不仅要会操作车内设备，营造一个安全、舒适、愉快的旅行环境，还要有随时应对难以预料的突发事件的能力。由于车上什么样性格的人都有，什么样的事情都可能发生，乘务员没有正确的服务观和心理承受能力，要做到让旅客满意是不可能的。

3. 密切配合

铁路旅客运输是需要运输、客运、车辆、公安等部门配合的工作，动车组乘务员的服务工作也要在这些部门的支持配合下，才能更好地开展。因此乘务员必须有顾全大局、遵守纪律、遵守规章，主动认真工作的思想，在列车长的领导下，与司机、随车机械师、餐饮服务人员、保洁人员、乘警密切配合，通力合作，做好服务工作。

7.2.3 乘务服务的指导思想

铁路旅客运输是社会交往的窗口，人们通过这个窗口可以看出铁路企业职工的整体素质、管理水平及铁路企业的精神风貌和文明程度。外国人通过这个窗口可以看到中华民族的素质。做好服务不仅取决于客运职工的素质，更取决于服务的指导思想。铁路客运服务的指导思想就是坚持"人民铁路为人民"的宗旨，面向全体旅客，全程服务，全面服务，重点照顾，提升旅客的满意度。

1. 全体旅客

凡是按规定购买了车票上车的旅客，不论是哪个国家，哪个民族；不论职务高低，不论职业、身份；不论老少，都是旅行消费者，都是客运服务的对象，应一视同仁，一样待客，使其享受相应档次的服务，包括车厢内的设施、列车运行速度及服务水准。

2. 全程服务

全程服务就是对旅客从上车到下车的全过程进行服务。

3. 全面服务

全面服务，是对整个列车来说的，旅客在车上吃、睡、玩、洗、用等活动都能享受到人性化的服务，以及旅客在车上发生危难情况，如生病、生小孩等特殊情况都能得到积极的救助。

4. 重点照顾

重点照顾，就是对老年人、小孩、病人、孕妇、残疾人、少数民族、首长、外宾等给予重点照顾。

7.2.4 乘务服务的总体要求

乘务服务的对象是人，反映服务与被服务的关系，其内涵就是人与人的心理关系，是满意与不满意的评价。铁路乘务服务的总体要求是：尊重、主动、热情、周到、诚实、礼貌地服务。

尊重，是一种人与人之间的心理反应。旅客至上，尊重为先，从旅客的角度看待和处理问题。

主动，是一种积极的心理活动，是一种有责任感的表现。主动服务是一切服务的核心。表现在主动迎送旅客，主动扶老携幼，主动解决旅客困难，主动介绍旅行常识，主动征求旅客意见。

热情，是一种较高的职业道德表现，是全心全意为旅客服务的思想情感的升华。表现在对本职工作的热爱，积极肯干；对旅客态度和蔼、友好，大力帮助。不怠慢、排斥、挑剔旅客。

周到，一是面向全体旅客服务，不论职务高低，衣着打扮，容貌长相，一视同仁；二是对不同心理类型、不同职业、不同年龄的旅客的需求在服务内容、服务项目上想得细致一些，全面一点，进行针对性的服务。

诚实，是做人的基本准则，也是职业道德的重要内容之一。诚实就是在工作中实事求是，不弄虚作假，真心实意做好服务，不口是心非，不损人利己，讲究信用。

礼貌，是人与人相处的一种道德行为，表示对人的一种尊重。要求仪容庄重，谈吐文明，态度和蔼，姿态动作文雅。

主动服务，就是做好宣传、卫生清扫、行李摆放等必要的服务，满足旅客的基本服务要求。

需求服务，就是按照旅客的需求进行服务，满足旅客的个性需求。这就需要乘务员察言观色，注意旅客的行为意向。

重点服务，就是对老人、幼儿、病人、残疾人、孕妇等重点旅客做好重点服务。

通过这些服务，在旅客中营造相互体谅，相互尊重的氛围。在服务中，还须注意引导旅客文明乘车，不随地吐痰，不乱扔垃圾，不在车内吸烟，不大声喧哗。

乘务员必须努力提高个人修养，做一个有理想、有事业心、有责任感、有感情、有道德的人。

有理想，就是对自己的事业要有奋斗目标。

有事业心，就是热爱列车服务工作，富有工作热情。

有责任感，就是对工作认真负责，勤勤恳恳。

有感情，就是对人满腔热情，有同情心和强烈的服务意识。

有道德，就是坚守岗位，履行职责。要有良好的职业道德，诚实、正直、讲究信用。不野蛮待客，不敲诈勒索、倒卖物品、以票牟私。

7.2.5　服务工作质量要求

服务质量是客运系统最为重要的工作指标。铁路企业的运输质量要求是："四通八达、畅通无阻、安全正点、当好先行。"因此乘务人员的仪容仪态、言谈举止，体现的思想品德、职业道德、工作态度、服务精神、个人修养等反映了铁路企业的经营理念和管理水平。

客运服务质量要求是：安全、舒适、便利、全面。

1. 安全

（1）无责任行车、火灾爆炸、行包、旅客伤亡和食物中毒事故。

（2）不发生旅客挤伤、撞伤、烫伤情况，财物被盗事件。

（3）安全、消防制度健全，有非正常情况下的应急处置方案。

（4）安全设施设备齐全，标志明显，作用良好。

（5）遇有线路中断等非正常停车，按照上级主管部门的指令，做好宣传、服务工作，确保旅客生命财产安全。

（6）乘务员对消防器材、紧急制动阀、手制动机做到知位置、知性能、会使用。

（7）配电室（箱）锁闭，保持清洁干净，严禁放置物品。

（8）行李架物品摆放整齐、牢固。

（9）做好禁止携带危险品的宣传及危险品的查堵处理工作。

（10）安全有序地组织旅客乘降。

（11）坚守岗位，加强巡逻，保持良好的治安环境。

2. 舒适

舒适，就是要求列车上的服务环境好、人性化，包括服务设施、备品清洁卫生，摆放整齐美观；卧具消毒合格、平整、洁净、干燥；窗明几净；车内清洁卫生，厕所、洗脸间干净，无积水；保持车容整洁，做到随脏随扫；降低作业噪声，保持安静的环境。

3. 便利

便利，就是要求列车上食品供应经济实惠，无伪劣、过期、霉烂、变质食品；提供充足的洗漱水和饮用水，卫生洁具使用状态良好。

4. 全面

全面，就是要求列车乘务人员的服务工作要全面，注意各种类型旅客的心理状态和不同层次的需要，及时周到地为旅客提供方便，千方百计为旅客排忧解难。

设置的医疗点、服务点、办公席，标志明显，服务有内容。根据春、夏、秋、冬不同季节的气候变化，做好防暑降温、通风换气、保温取暖工作。

【实训】

高速铁路乘务服务管理实训

【实训目标】

（1）能够掌握乘务服务标准。
（2）能够掌握乘务服务工作原则。
（3）培养初步的自主学习能力。

【实训内容与要求】

> 第一步：由教师介绍实训的目的、方式、要求，调动学生实训的积极性。
> 第二步：对学生进行分组，确定各小组的组长和人员分工，制订小组实训计划（了解团队要做什么，要达到什么目的）。
> 第三步：教师介绍高速铁路乘务服务管理的相关知识和案例并布置讨论的问题。
> 第四步：各小组对教师布置的问题进行讨论，并记录小组成员的发言。
> 第五步：根据小组讨论记录撰写讨论小结。
> 第六步：各小组相互评议，教师点评、总结。

【实训成果与检测】

成果要求：

（1）提交案例讨论记录：3~5名学生一组，设小组长1人、记录员1人，每小组必须有小组讨论、工作分工的详细记录，以作为考核成绩的依据。
（2）能够在规定的时间内完成相关的讨论，撰写实训小结。

评价标准：

（1）上课时积极与老师配合，积极思考、发言。
（2）认真阅读案例、积极参加小组讨论、分析问题思路较宽。能结合所学理论知识解答问题。
（3）富有团队合作精神，积极参与小组活动。

参考文献

[1] 蓝志江，雷莲桂. 高速铁路乘务工作实务. 北京：北京交通大学出版社，2015.
[2] 刘涛，王涛. 高速铁路概论. 北京：北京交通大学出版社，2021.
[3] 刘辉. 铁路票务作业：基于电子客票. 北京：北京交通大学出版社，2021.